JN059563

Q&Aでわかる M&A実務 のすべて

G-FAS株式会社［編］

第2版

中央経済社

は じ め に

　本書は，主に企業内でこれからM&Aの検討や実施を担当することになった方への，M&A入門書として企画・出版させていただいた。おかげさまで，これまで多くの方に本書を手にしていただき，M&A実務知識の全体の底上げに微力ではあるが貢献できたものと自負している。一方，初版出版当時の2015年11月から6年余が経過し，世の中の実際のM&Aアクティビティも変わってきている。成長戦略の一環として行われるM&Aについてはさらに活発化，大型化し，そして国際化している。また，投資家側からの企業価値向上の働きかけを端緒としたM&Aも従前よりさらに増加しているように思う。それに併せるかのように，永らくタブーとされてきた敵対的な（経営陣の同意がない）ものも恒常的に発生するようになった。これだけM&Aが一般化してきた中にあってもなお，自ら能動的にM&Aを検討していない，という企業もなくはないと思うが，ところが，そんな企業であっても，ある日株主の側から企業再編の提案がなされる，といったことがこれまでにも増して起きるようになった。

　このように，M&Aの質や規模も時代時代で常に変わるが，実務面でのM&A法制も日々進化し続けている。日本のM&A法制は1990年代，2000年代，2010年代でそれぞれ大きく変革・発展を遂げてきており，枠組みとしてはかなり整備されつつある。一方で，実務面からの使い勝手を考えた改革は間断なく行われており，この6年間でざっと思い起こしても，スピンオフ・スクイーズアウト税制の整備（2017年），MBO指針の発展型である「公正なM&Aの在り方に関する指針」の公表（2019年），「事業再編実務指針」の公表（2020年），会社法での株式交付制度の創設（2021年）があるし，それ以外の会社法，会計実務や税法などの見直しも常に行われている。

　そのような中，我々も実務にかまけて本書の改訂を怠っているうちに，初版

の内容が陳腐化してしまったことは否めず，今回初版以降に改訂となったポイントを中心に第2版を発行する運びとなった。第2版の修正執筆中に，弊社グループ（元GCAグループ）が米国フーリハン・ローキー社から買収提案を受け，いつもはクライアントにアドバイスさせていただいているディールの要諦を自ら実践することになったのも何かのめぐりあわせかもしれない。

　月並みではあるが，本第2版の刊行にあたって多大なご尽力をいただいた株式会社中央経済社の杉原茂樹氏に対し，執筆者を代表してこの場を借りて御礼を申し上げたい。また，本書の執筆に際してさまざまなご協力をいただいたフーリハン・ローキー株式会社およびGCA税理士法人の皆様にもこの場を借りて御礼を申し上げたい。

　今回の改訂により，本書はあらためて現代のM&A実務の入門書としてご活用をいただける内容になったものと自負している。また，「事業再編実務指針」の公表（2020年）に併せて2021年11月に出版させていただいた『Q&Aでわかる事業再編実務のすべて』とともに，本書を1人でも多くの方の手に取っていただき，皆様のM&A活動の役に立てていただけることを願ってやまない。

　2022年3月

G-FAS株式会社
代表取締役社長
代表パートナー　　安藤　栄一

目　次

第1部　M&Aの概要

第2部　プレM&A

第3部　M&A実行プロセス

第5章　スキームの検討　*85*

第11章　売却プロセス　*241*

[略語一覧]

略　語	完全形	日本語または意味
B/S	Balance Sheet	貸借対照表
CA	Confidential Agreement	秘密保持契約書
CF	Cash Flow	キャッシュフロー
CoC	Change of Control	チェンジオブコントロール条項
DCF	Discounted Cash Flow	ディスカウント・キャッシュ・フロー
DD	Due Diligence	デューデリジェンス
EBITDA	Earnings Before Interest, Taxes, Depreciation and Amortization	利払税金償却前利益
EPS	Earnings Per Share	1株当たり当期純利益
FA	Financial Adviser	フィナンシャルアドバイザー
FCF	Free Cash Flow	フリーキャッシュフロー
FMV	Fair Market Value	公正市場価値
F/S	Financial Statement	財務諸表
IFRS	International Financial Reporting Standards	国際財務報告基準
IM	Information Memorandum	インフォメーションメモランダム
IP	Information Package	インフォメーションパッケージ
IPO	Initial Public Offering	新規株式公開
IRR	Internal Rate of Return	内部利益率
JV	Joint Venture	ジョイントベンチャー，合弁企業
LBO	Leveraged Buy Out	レバレッジド・バイアウト
LOI	Letter of Intent	基本合意書又は意向表明書
MBO	Management Buy Out	マネジメント・バイアウト
NDA	Non-Disclosure Agreement	秘密保持契約書
NPV	Net Present Value	正味現在価値
PBR	Price Book-value Ratio	株価純資産倍率
PER	Price Earnings Ratio	株価収益率

P/L	Profit and Loss Statement	損益計算書
PMI	Post Merger Integration	ポストマージャーインテグレーション
PPA	Purchase Price Allocation	パーチェスプライスアロケーション
ROE	Return On Equity	株主資本利益率
SHA	Share Holders Agreement	株主間契約書
SPA	Share Purchase Agreement	株式譲渡契約書
TOB	Take Over Bid	公開買付け
WACC	Weighted Average Cost of Capital	加重平均資本コスト

※本書は，令和4年4月1日時点で施行されている
税法に基づいて記述しております。

第1部

M&Aの概要

第 **1** 章

日本国内のM&Aの状況

　企業のM&A担当者は，M&Aを実施することとなった場合には，なぜこのM&Aを行うのか，M&Aを行うことで何がしたいのか，意義は何なのか，という点をM&Aの最初から最後まで必ず自問自答し，一貫した解を持たなければならない。ここがぶれてしまうと，大事な局面で判断が鈍ってしまう。よくいわれることではあるが，M&Aは手段であって，目的ではない。M&Aを実施することで，何を成し遂げたいか，これがポイントである。

　本章では，まず日本国内におけるM&Aマーケット動向を鳥瞰することで，マクロ的な観点からM&Aのトレンドを確認し，M&Aを実施する目的やM&Aによって何を得ることができるのか，またM&Aにおけるシナジー効果などM&Aの概要について解説する。

日本企業がかかわるM&Aのトレンドを教えてほしい。

A 　日本企業がかかわるM&A件数は，グラフのように1990年代後半から増加し，2008年のリーマンショック後は低迷したものの，2010年頃を境に再度増加傾向に転じ，2021年は過去最多を更新した。また，M&Aで報道されるのは上場企業によるものばかりだが，件数そのものは未上場の会社，中小規模の企業によるもののほうが圧倒的に多い。

【日本企業がかかわるM&A件数の推移】

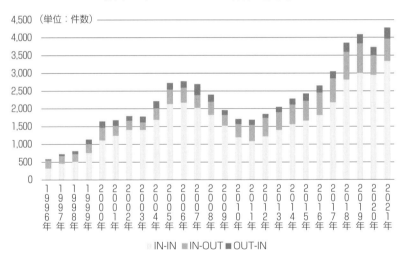

出所：レコフM&Aデータベース

1　1990年代後半からのトレンド

　M&Aが活発になった背景として，①バブル崩壊後の銀行の不良債権処理に伴う事業売却の増加とともに，②その受け皿となる投資ファンドが台頭してき

たこと，加えて③M&Aを取り巻く制度整備が進められてきたことがあげられる（民事再生法施行／持株会社解禁，株式交換・会社分割制度創設／組織再編税制，連結納税／連結開示等）。

2　2000年代後半からのトレンド

　2006年の会社法施行で組織再編行為（合併，株式交換，株式移転，会社分割等）に関する手続きが整理され，また，翌年には三角組織再編が可能となった。同時期に企業結合会計の適用が開始されたことなどを受けて，さらにM&Aを進めやすい環境が整った。企業側にもM&Aに対する理解がそれまで以上に浸透してきたと同時に，国内外のアクティビストファンドの活動により，株主ガバナンスの考え方もより一般に理解されるところとなり，グループ再編や業界再編の動きも活発になった。2008年のリーマンショックで証券市場や経済が世界的に冷え込み，M&A取引も一時減少したが，2010年頃から再び増加に転じている。2014年に日本版スチュワードシップコード，翌年はコーポレートガバナンスコードが導入され，この頃になると企業もかつてのようにM&Aを特別視することなく通常の経営戦略として日常的に検討するようになった。投資ファンドや国内外アクティビストも活動を活発化させ，2019年には「公正なM&Aの在り方に関する指針」が公表されるなど制度整備もさらに進み，直近2020年にはコロナの影響で一時的に企業活動が停滞する場面もあったが，M&A取引の増加傾向は続いており，2021年は過去最多を更新した。

3　中小企業のM&A

　一般的にM&Aといえば，上場企業同士のものや上場企業が国際間で行う取引などが報道でよく目にされるところである。しかしながら，年間4,000件規模で行われている日本企業がかかわるM&Aのうち，そうした大企業によるものは件数ではむしろ少数であり，実際には中小企業のM&Aのほうが圧倒的に多い（グラフ参照，ただしグラフは「未上場企業」のM&A件数）。中小企業という言葉の定義にもよるが，中小企業の数は，日本全体の企業数の99.7%を

占めるという調査もあり[1]，したがってM&Aも中小企業によるもののほうが
圧倒的に多いのも当然ともいえるが，近年は特に中小企業の事業承継等に重点
をおいて，国内で未上場の企業の売りと買いのマッチングを専業とする事業者
の活動が活発化していることも大きく影響していると思われる。

【中小企業（未上場企業）のM&A件数の推移】

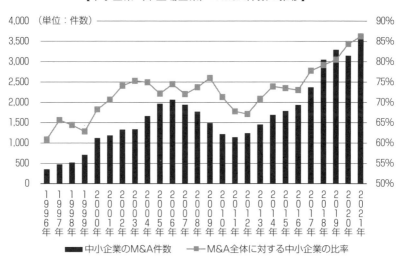

出所：レコフM&Aデータベース

1　日本経済新聞：2020年5月20日

Q-2 M&Aは何のために実行するのか教えてほしい。

A 企業経営に求められるのは企業価値・株式価値を向上させることであり，M&Aはそのための経営戦略の選択肢の１つとして位置づけられる。つまり，M&Aは「企業価値・株主価値向上のために実行する」ということである。

1　事業の売買で企業価値・株主価値が向上する理由

M&Aは直訳すれば「合併と買収」だが，つまるところ「事業を売買すること」（なお，「合併と買収」というワードはともすれば買い手視点であり，企業価値・株式価値向上の観点からはM&Aには戦略的売却とでもいうべき取引も含まれるべきである）。買い手視点で言えば，対象事業を適切な値段で買い，自らが経営することにより買収価額以上の価値を実現することであり，売り手視点で言えば，自らが経営する以上の価値を実現できる買い手に対して，自らが経営した場合の価値を上回る価額で売却することがその実質といえよう。簡単な例をあげると，A社が，自ら保有する事業Bについて，A社の経営のもとで実現できる価値が50億円であると見通しており，一方，第三者であるC社が事業Bを自社で経営すれば100億円の価値を実現できると見通しているとする。その場合，両者の価値見通しの間の価額，例えば75億円でA社が事業BをC社に譲渡すれば，A社，C社ともに25億円ずつ自社の企業価値を高めることができることになる。

2　買い手として留意するべきこと

買い手C社にとっては，M&Aを実施するかどうかは①事業Bを自らで立ち上げる場合と比べて買収が価格面で合理的か，②事業Bを買うことによって何

かプラスアルファ（シナジー）が生じるかどうかといった点がポイントとなる。①について，一般的にM&Aは「時間を買う」と言われることが多いが，事業Bを立ち上げるのにかかるコストの他，事業Bが軌道に乗るまでの間の逸失利益，実際に事業Bを立ち上げることができるのか，などを検討したうえでM&Aが買収価格も含めて合理的かどうかを判断する。また，②についてM&AによってC社がもともと有している経営資源と何らかの相乗効果（シナジー）が生まれないか，ということも買収を検討するうえでは必ず検討のポイントとなる。なお，必ず検討が必要なポイントではあるがM&Aには必ずシナジーがつきものとは限らない。シナジーが生じるM&Aはもちろんあるが，シナジーが生じないものも意外に多い。誤解をおそれずに言えば，シナジーの発現がM&Aでは必須ではなく，基本にある考え方はあくまでも「買い手にとっては自らが実現できる価値と比べて安く買えるか」，「売り手にとっては自らが実現できる価値と比べて高く売れるか」である。シナジーはあくまでも買い手として買収意義と買収予算を検討するうえで重要な意味を持つものとして位置づけられる。詳細はQ3を参照されたい。

Q-3 M&Aで期待できるシナジー効果について内容や留意点を教えて
ほしい。

A M&Aは必ずシナジーを伴うものでなければならないということは
ないが，やはりシナジーの発現は期待したいところである。シナジー
は利益の増加として認識される必要があるが，そのためには売上の増加だけで
はなく，コストの削減でも良い。経験的には，売上増加方向のシナジーは定性
的にはいろいろと考えることができるが，いざ定量化しようとすると意外に難
しいか，または期待するほど大きな金額にはならないことが多い。半面，コス
ト削減方向のシナジー効果は比較的定量化しやすい。いずれにしてもシナジー
が考えられる以上は，具体的な金額を事前に見通しておくことは買い手の買収
コストを考えるうえでも極めて重要である。

1 シナジーの例

① 売上増加方向のシナジー

例えば，販売のシナジーがあげられる。相互に補完関係のある類似商品を持
つA社とB社がM&Aで1つの企業グループとなる場合，相互の販売ルート・
販売網（組織）を使って，各々の商品をクロスセルすることによるシナジーが
例として考えられる。このようなケースだと，販売できる商品の単価や個数か
らA社B社スタンドアロンの場合との比較でどれだけの売上・利益増が見込め
るかという計算はしやすい。なお，売上が増える方向のシナジーと併せて，売
上が減少するディスシナジーが発生しないかどうかもチェックポイントとなる。
この例だと，補完関係のある商品は相互に売上が増えるが，一部重複する既存
商品については売上減が想定される場合がある。

② コスト削減方向のシナジー

重複する機能を削減，合理化するシナジーが考えられる。例えば，生産機能

を相互に持つ場合，一方の生産機能の操業度を上げて，もう一方を廃止し設備等を売却するなどで全体のコストを削減することができる。やや種類は異なるが，共同購買による仕入れコスト引き下げなどもコスト削減シナジーとなる。また，多額の新規研究開発投資を必要とする会社同士のM&Aなら，各社で個別に行うものを両社で一本化すれば大幅な投資コスト削減が期待できる。同様に，会計システムやITシステムなどを個別で設計・運用しているものを1つに統合できれば，大幅なコスト削減が期待できる。なお，コスト削減方向のシナジーについてもディスシナジーの有無は要チェックである。特に重複機能削減の場合，人員も余剰となりがちなので配置転換や場合によっては希望退職などの対応が必要となり，そのためにコストが発生することがある。

2　取引形態による影響

　売上高増加，コスト削減，いずれについてもシナジーを最大限発揮するうえではM&Aの取引形態も大きく影響する。一般に，2社の統合については合併の他，A社がB社を完全子会社化する，両社で共同株式移転を行うなどのケースが考えられるが，法人格を1つにして実際の組織を統合してしまうケース（合併など）が最もシナジーの発現効果が大きくなる。同じ企業グループになる場合でもA社B社の法人格と組織がそのまま残ってしまうと，実態としては完全な意思統一が難しく，統合効果は合併と比べれば限定的になりがちである。

Q-4 業務提携にとどまらず資本提携（M&A）が選択されるのはなぜか教えてほしい。また，資本提携の度合いと効果についても教えてほしい。

A 業務提携はM&Aと比べてコストもかからず契約のみで成立する類型であり，取り組みやすい反面，関係当事者のコミットメントも希薄になりがちで自らの財務諸表への成果取り込みも限定的である。このため，しっかりとした企業価値・株主価値向上を目指すうえでは資本を含めた提携関係を構築することが多い。

業務提携と資本提携の比較に関しては，業務提携＝両社が協力することにより何らかのシナジー発生が見込まれることが前提となっているケースとして話を進める。M&Aを実施することそのものは目的ではなく手段であり，最終的には企業価値・株主価値の向上が目的なので，それが達成できれば業務提携でももちろんかまわない。言い方を換えれば，この問題は，相互が独立したままではなぜシナジーが最大化できないのか，ということでもある。

① **業務提携では両社とも自分のメリットを個々に追求することが合理的**

一般論として業務提携では，両者とも自社のP/Lばかりに目がいってしまい，相手方のP/L改善には関心を持てない。Q3の売上増加方向シナジーについては，自社商品は売ってもらいたいけれども，相手方商品の売上増には関心がない，そんな構図になりがちである。コスト削減方向のシナジーについても然りで，双方とも自分の身を削りたくはないので思い切った施策がとられることはない。加えて，業務提携は単なる契約関係なので，それなりの資本を投下するM&Aと比べていずれのコミットメントも弱く，契約を破棄することも難しくはない。したがって，本来ダイナミックな打ち手がとれれば発現するであろう両社のシナジーが極めて限定的にしか実現できないのが業務提携なのである。

② **資本提携（M&A）は究極的には両社の経営統合であり，経営が一体化するので全体最適を追求することが合理的**

　この点，資本提携（M&A）によって両社の意思とP/Lが1つに統一されれば，各社の事情よりも全体最適の観点が優先され，P/Lにもその効果が1つになって現れ，したがって両社のシナジーを最大化させることができる。資本提携（M&A）では資本取得の割合によって経営の一体化の度合いが変わり，統合効果の発現度合いも変わってくるのでこの点を次で解説する。

③ **資本提携（M&A）の度合いと統合効果の関係**

　M&Aでは買い手と売り手（正確には対象事業・会社）があるところ，以下は経営統合後経営における意思決定の主体となる買い手目線で話を進める。M&Aとは「事業を買うこと」であるがこの表現はやや漠然としており，あらためて企業価値・株式価値の向上という目的から考えて具体的な要件を定義すると，①会計上，対象会社のP/L，B/Sを取り込むこと，②対象会社を実質的に支配すること，があげられよう。会社単位での売買については，株式会社を前提とすると，取引形態や株式の取得割合によって①と②の程度が変わり，原

株式取得割合	①会計取り込み	②支配（会社法）
A. 100%	フル連結	完全支配
B. 100%未満〜66²/₃%以上	フル連結 ただし，非支配株主持分が生じ，最終利益取り込みは取得割合応分	取締役選解任等の普通決議，組織再編，定款変更等の重要事項等の特別決議を単独で決定可
C. 66²/₃%未満〜50%超		取締役選解任等の普通決議事項は単独で可決
D. 50%以下〜33¹/₃%超	持分法連結（売上高や営業利益は取り込まれない） 最終利益取り込みは取得割合応分	組織再編，定款変更等の重要事項等の特別決議を単独で否決可
E. 33¹/₃%以下〜20%以上		（25%で相互保有株式の議決権停止）
F. 20%未満	原価法（資産計上および受取配当のP/L計上のみ）	（省略）

※上記の割合は原則論であり，実務では他の要件により多少の変更がある

則として概要は表のとおりとなる。

　①について，基本的には最終利益は株式取得割合に応じて取り込むことになるので，株式価値の観点から取得割合に応じたリターンがあるという点では何％を取得するのかによって本質的な違いはないのだが（Fを除く），売上高や営業利益への取り込みがあるのはC以上となる。また，②について，一般的に買収する以上は積極的に経営に関与して企業価値を上げていく必要があるので，この点でも対象会社の経営に積極的な関与ができるのはC以上となり，企業が戦略的に行うM&AではC以上の取得割合となるものが圧倒的に多いというのが実務での肌感覚である。もちろん，両社のシナジーを最大限発揮するうえでは買収者が対象会社を意思決定面で完全支配するAがベストであることはいうまでもない。

　それでは業務提携が行われるのはなぜかという疑問を持たれるかもしれないが，M&Aは，特に売却側にとってはこれまでの会社経営を根本的に変えていくことになるため，一般的には特別な事情がない限りいきなり「身売り」には進みにくい。この点，まず大がかりなことはせず，両社の相性やシナジーの発現を実務で確認したいといった局面で業務提携を通じて緩やかな提携関係が構築されることが多い。それが時を経て何らかのきっかけで資本提携（M&A）に発展することもある。

---

*M&A*コラム

M&Aの時代が来た

　90年代半ばを過ぎた頃，アジア通貨危機が起きて，大手証券会社が「飛ばし」で破綻し，その頃にはバブル後遺症が企業レベルで顕在化しつつあり，債務整理のために企業が泣く泣く優良事業を売却しなくてはならないといった話が徐々に出てきた。いつの時代にも行動力のある人はいるものだ。大型の破綻案件をM&Aを使って再生させる手法を実践する人たちが出てきた。先見の明のある人たちが日本でも投資ファンドを始めていろいろな売却案件の受け皿になった。ついに日本にもM&Aの時代が来た。そしてM&Aの時代は他人事にとどまらず，自分のいた銀行がM&Aで他行と合併することになった。世の中に絶対の安定などないし，いつまでも同じものもない。そしてM&Aでは，現場で何が起きるのか身をもって体験する良い機会となった。

　時は前後するが，監査法人の世界もその頃激変にみまわれていた。エンロン事件である。エンロンは規制緩和の波にのり80年代は小さなパイプライン会社だったものがガス・電力取引やブロードバンド事業なども手がけ，2000年初頭には米国を代表する大企業となっていた。ところがその華々しい外観とは裏腹に内部では循環取引，損失隠蔽目的のSPC設立など多くの粉飾が行われていた。WSJが報じた不正会計疑惑を契機としてSECの調査が入り，最終的には2001年末にチャプター11を申請（負債総額400億ドル規模）。この事件は監査法人であるアーサー・アンダーセンが不正に深く関与し，かつ巨額の報酬を得ていたことで，同監査法人も翌年に解散に追い込まれた。世界規模の最大手の一社が突然無くなったわけだから，これを端緒として監査法人の世界も世界的に大きな再編の動きがあった。コーポレートガバナンスも見直され，SOX法制定にもつながるなど，この事件が世界のビジネス界に与えた影響は大きい。

　今思うとM&Aビジネスをとりまく業界全体がわさわさと，落ち着かない時代であった。しかしながら，そのような時代であったからこそ各人が自らの基盤を見つめ直してしっかり考える，そんなきっかけをくれた時代だったかもしれない。元官僚の村上世彰氏がファンドを立ち上げ，ガバナンス改革の旗のもとアクティビストとして活動を開始したり，ITバブル崩壊はあったものの新分野で新しいビジネスが次々と立ち上がる，ある意味活き活きとした時代だったと思う。そして，弊社グループもこんな時代を背景として，誕生するべくして誕生した。

第2部

プレM&A

第2章

M&A戦略立案

M&Aを実行する前には，自社の戦略に合致しているか，戦略実行の手段たるM&Aは投資意思決定として合理的なものなのか，といった点について検討する必要がある。また担当者としては，専門家を使うべきかどうか，また使うとしたらどういった業者を使ったらいいかは頭を悩ませる点である。近年のM&Aではストラクチャーの高度化等により，案件の成約までに難所をいく度も乗り越えなければならないケースもあるが，このようなときに頼りになるのが，案件の推進全般に関して助言・支援を行う専門家＝FA（Financial Adviser）である。

本章では，M&A戦略を立てるにあたって必要となるM&Aプロセス全般に係る概説と，M&Aにかかる時間やコスト，はたまた専門業者利用にあたってのポイントなどを解説する。

Q-5　M&Aの一連のプロセスを教えてほしい。

　　　M&Aの一連のプロセスは，一般的には①戦略・プランニング，②基本合意，③実行フェーズ，④クロージング，⑤買収後の5段階に分けられる。

　各フェーズでの主要な実施事項は下図のようになる。

【M&Aのプロセス】

戦略・プランニング	基本合意	実行フェーズ	クロージング	買収後
■経営戦略の立案 ■M&A戦略の立案 ■代替案の検討 ■ターゲットの選定 ■基礎的情報の分析 ■アプローチ方法の検討 ■アドバイザーの選定	■ターゲットとのコンタクト ■秘密保持契約の締結 ■基本合意事項の協議 ■初期的価値評価 ■基本合意書の締結	■DDの実施 ■最終価値評価 ■最終契約交渉 ■最終契約書の締結	■関連法令準拠 ■対外公表，IR対応 ■社内説明 ■株式・資産譲渡，代金決裁	■買収価格調整 ■統合実務 ■PPA ■のれんの評価

1　戦略・プランニング

　この段階では，M&Aに限らず成長・企業価値向上を実現するための経営戦略を練る段階であり，実現のための手段としてM&Aがあることに留意。M&Aは経営戦略を推進する1つの手段であり，それ自体が目的ではない。

　戦略の手段としてのM&Aを進めていく段階になったら，戦略に沿った買収ターゲットとなりうる先をロングリスト（可能性を勘案せず幅広くリストアップ），ショートリスト（可能性も考慮してロングリストから絞り込み）として作成する。

　絞り込んだ買収ターゲット・売り手に対してのアプローチ方法を検討し，自社でアプローチを試みるか，業界内での噂（レピュテーション）を懸念する場

合にはアドバイザーを選定しコンタクトを試みる方法もある。

2　基本合意

　買収ターゲットにコンタクト後，買収ターゲット・売り手に売却の意思があることを確認したら，秘密保持契約を締結し，買収価格，買収対象範囲，スケジュール等の基本的な条件をつめていく。基本的な条件をつめていくために，買収ターゲットに情報開示を求める必要がある。ただし，この時点では双方ともにM&Aを実施できるかわからないため，情報開示は限定的となるのが一般的である。この初期的情報をもとに初期的な価値評価を実施し，買収価格の基礎を検討する。そして，買収に係る基本的な条件を当事者間で合意したら，基本合意書で双方の合意内容を書面化する。今後，さらなる時間・コストをかけてDDや条件交渉を行っていくにあたり，お互いに本気でこの件を検討する必要があるかを確認するうえで基本合意書は重要となる。

3　実行フェーズ

　この段階での主要な手続きとしては，DDがある。買収ターゲットを詳細に調査するプロセスであり，買収ターゲットから詳細な情報開示を受けるとともに，基本合意書段階で公表を行っている場合には経営陣や従業員等へのヒアリングをはじめ，工場等の現地視察といった直接的なアクセスが可能になる。DDは一般的に，公認会計士，税理士および弁護士といった外部の専門家を用いることが多い。M&Aで得たいものが毀損していないか，簿外債務や訴訟のリスクがないか等を確認する。場合によってはM&Aを断念せざるを得ないディールキラーが検出されることもある。

　DDが完了し，買い手として買収を進めることを決意したら，売り手と詳細な買収条件を交渉していく。DDでの検出事項をもとに，買収価格のほか，表明保証事項，損害賠償条項等の詳細な条件を定めていく。これらの詳細条件を買収契約書に反映し，双方が合意をしたら最終契約書を締結する。

　そして，買収契約締結時には，金融商品取引所の規則等に従った開示や取引

先，従業員向けの説明が必要となる。

4　クロージング

　クロージングとは，株式譲渡であれば対価の支払と株式の受渡であり，最終的に買収契約が効力を発生するプロセスである。買収契約を締結したらM&Aが成立するわけではない。

　買収契約の中にはクロージング条件と呼ばれる条項があり，この充足と対価の受け渡しによりクロージングとなる。

　なお，クロージング条件の中でも競争法対応を要する場合には一定の手続き期間が必要となる点に留意が必要である。取引する企業規模等が一定の基準を超える場合に，公正取引委員会への事前届出が必要となる。届出の時期はM&Aの形態により異なる。

5　買収後の対応

　クロージング後は，最終契約書にクロージング日時点の財務状況によって買収価格の価格調整を実施する旨の条項が入っていれば，それに従い価格調整，決済が必要となる。

　また，会計上のプロセスとして，連結決算のために取得原価の配分，無形固定資産の認識を含む開始B/Sの作成が必要となる（PPA）。その後，のれんの減損の評価が必要となる。

　さらに，事業運営上のプロセスとして，PMIと呼ばれる経営統合実務が必要となる。M&Aというと，M&A成立までがM&Aと認識されることが多いが，M&A実施による利益を享受するのは，あくまで買収価格以上の価値を買収後に生み出すことによってであり，そのための活動がPMIである。PMIは，M&A実行前に想定していたシナジーを実現させるプロセスでもあるため，PMIの成否がM&Aの成否を分けるといっても過言ではない。

Q-6　M&Aにはどれくらい時間がかかるのか教えてほしい。

A　M&Aは，当事者の個別事情，当事者の上場・未上場の別や買収スキームによって必要となる期間が異なるため，一概にどの程度の期間を要するかということはいえない。当社の経験でいえば，FA起用からクローズまでに2，3カ月という短期的な案件や数年かかった案件もあるが，平均的には6カ月～12カ月という案件が多い。本項では平均的な目安としての期間について記載する。

1　戦略・プランニング

この段階はM&Aを含むあらゆる可能性を検討している段階であり，一概にどの程度の期間を要するとはいえない。ただし，M&Aは頻繁にあるものではなく，戦略に合致する案件が生じた場合には可能な限り短期間で判断できるかが重要となる。そのためにも，戦略実現のためのM&Aを検討しているのであれば，M&Aに対する方針（ターゲット，規模，投資金額等），社内体制，意思決定経路といった事項は事前に議論，整理することが重要になる。

2　基本合意

買い手，もしくは売り手がM&Aを実施しようとした場合に，最も期間が読みにくいのは基本合意書締結（もしくは基本条件合意）までの期間である。

買い手が売り手に買収条件を提示しても，売り手として今すぐに売却しなくてはいけない事情がない場合には，時間をかけて複数の買い手候補先から買収条件を取得することや，買収ターゲットの業績をもう1年待ってから判断したいとして，スケジュールが先延ばしになる場合もある。

買収条件提示後にスケジュールが大幅に伸びないことを前提にした場合には，

検討開始から1～2カ月というのが平均的な期間である。

3　実行フェーズ

　DDは対象会社，売り手にも負担がかかるプロセスであり，一定の期間で区切り，必要な質問や資料依頼を集約することが買い手に求められることが多いため，比較的期間は定まりやすい。一般的には1～2カ月程度の期間であるが，対象会社の開示資料の準備や質問への対応状況が芳しくない場合に，買い手からもともと定めた期間内では投資判断ができないとして，期間を延長することもある。

　買収契約の交渉もDDと同様に期間が区切られることが少なくない。期間を定めない場合，買い手，売り手ともにお互いの主張を譲らず，平行線をたどるおそれがあり，一定期間に区切ることで，お互いに要求を妥協するか否かを判断することができることもある。

4　クロージング

　契約締結からクロージングまでに一定の期間を要するが，特に競争法対応がこの期間に影響を与える。競争法上問題がない場合には，30日の禁止期間を経ればクロージングができるが，抵触のおそれがある場合，禁止期間が延長されたり，実務対応（問題の排除）が必要になることもある。以上は国内の場合だが，海外の競争法対応が必要になる場合，国によって審査の対応や，それに要する時間は異なる。

5　買収後

　M&Aが成立（クローズ）したとしても，そこで終わりではなく，買い手にとってはむしろ始まりである。M&A成立までにかかる時間は有限だが，M&A成立後に統合し成長するための時間は今後その事業を続ける限り続く。

Q-7　社内投資基準における投資評価の留意点を教えてほしい。

A　M&Aの投資検討にあたっては，M&Aによる投資金額に対して，十分なリターンが得られるか否かを評価する必要がある。これはM&Aに限らず一般的な設備投資案件や広告宣伝への投資等と変わるところではない。

　通常，企業には明文化されているか否かは問わず，投資の判断基準があり，定性面，定量面の両面からの判断が行われることになる。

1　投資評価

　企業によって基準は異なるが，投資を決定／判断するための指標として，一般的には①定性基準，②定量基準の2つがある。

　定性基準には，経営戦略との整合性，組織・企業風土の適合性，案件に取り込むことでの従業員，取引先，株主等利害関係者への影響（株価，レピュテーション等）といったことが考えられる。

　これに対し，定量基準には，NPV，IRR，投資回収期間といった各種手法を適用することで，定量的なリターンを得られるかを判断する。

■NPV（Net Present Value：正味現在価値）：投資から得られるCFを現在価値に割り引き，その合計から投資額を控除した額がプラスであれば投資をする

■IRR（Internal Rate of Return：内部収益率）：NPVがゼロとなる割引率のことであり，IRRがハードルレートを上回る場合には投資を実行する。限られた予算内であればIRRが高い案件を選択する

■投資回収期間：投資額を分子，投資から得られるリターンを分母とし得られる年数が短い（投資回収期間が短い）案件を選択する

　また，上記のほか，定量的な判断基準として，買収後の自社F/S（Financial

Statement）への影響（連結P/L：Profit and Loss Statement，EPS：Earnings per share）も考慮に入れた投資の判断も行われる。

2　定性基準と定量基準

　定量基準はあくまでも投資に対するリターンを算定する指標であり，まずその案件を取り組むべきか否かという点では，定性的な面である経営戦略との整合性などからの判断が必要となる。

　戦略への適合性が認められたうえで，その他の諸条件ともに，定量的にもリターンが生じるということを確認することが主眼となる。単なる余剰資金の運用という目的であれば，この案件は定量的に優れているからという観点を先にするケースもあるかもしれないが，限られた経営資源を振り向けるには戦略への適合というスクリーニングがまず必要となると考えられる。

3　NPV分析

NPVと買収の意思決定については次のような関係になっている。

【NPV分析】

NPV＝①買い手にとっての価値－②買収（合意）価格

NPV＞0 であればM&Aを実行すべきとなる

▼

上記の①と②は以下のように計算される
①＝買収によって獲得されるFCFの現在価値
　＝対象会社のスタンドアロン価値＋シナジー価値
②＝対象会社のスタンドアロン価値＋プレミアム

▼

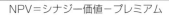

NPV＝シナジー価値－プレミアム

つまり，買い手にとってはシナジーを生み出せるほど，またプレミアムを低く抑えられるほど，NPVは大きくなる

Q-8　M&A戦略立案時に考慮すべき会計上の留意点を教えてほしい。

A　M&A戦略立案時には，M&A実行後の連結P/Lへの影響額を概算で把握しておくことが重要となる。具体的には，のれんに関する損益インパクトの把握，連結でのEPSの増減分析を事前に行うと有用である。

1　M&A戦略立案時における会計上の留意点

買い手としてM&A戦略を立案する際には，投資採算性の検討も重要であるが，それと併せてM&A実施後の会計上の影響（特に連結P/Lへの影響）について，あらかじめ把握しておくことも重要である。仮に事前に検討していなかった場合，事後的に思わぬ損益影響が発生しかねない。

検討すべき影響項目としては，主に①のれんに関する損益インパクトの把握，②連結でのEPSの増減分析の2つがある。

①　のれんに関する損益インパクトの把握

会計上，のれんは，買収対価とB/S純資産（時価評価後）の差額で算定される。のれんの金額がその後の利益で回収できるかどうかを戦略立案時に検討しておくことは，買収対価の水準感（高すぎないか）を見る1つの視点となる。

i　のれん償却費

日本基準では，のれんは20年以内の効果の及ぶ期間で償却する必要があるため，連結P/Lに影響がある。償却期間は，対象会社の事業計画やビジネスモデルを踏まえて，超過収益力やシナジーが継続して見込まれる期間とすることが多い。ここでは，M&A実施後の毎年ののれん償却費を試算し，のれん償却費を賄うためには，対象会社で必要な利益はいくらか，または必要なシナジーの額はいくらかを事前に把握する必要がある。

　ⅱ　のれんの減損

　買収後，対象会社の業績が事業計画に比して下ぶれした場合，のれんの減損リスクがある。特に，ベンチャー企業等，買収時は赤字だが数年で黒字達成見込の企業の場合，計画未達の際に，買収後すぐにのれん減損という事態になりかねない。そのため，「業績が計画に対してどの程度の下ぶれで減損となるのか」，「減損金額はどの程度か」のおよその水準を把握することが重要である。

②　連結でのEPSの増減分析

　EPSは，税引後当期純利益を発行済株式総数（自己株式数控除後）で除した数値であり，上場会社の場合，株価に大きく影響する他，その推移，特に成長率は，上場・非上場を問わず，投資家等の外部の第三者がその会社の収益性を見るうえで重要な指標の1つとなっている。そのため，M&A実施前後でEPSがどう変化するかを，事前に分析しておく必要がある。

　現金買収の場合，発行済株式総数は不変のため，連結での当期純利益への影響項目（対象会社の当期純利益，のれん償却費，金利負担等）の合計がプラスであればEPSは増加する。一方，自社株式での買収の場合，株式の交付により発行済株式総数が増加するため，株式数増加によるEPS減少と，連結当期純利益への影響額との2つの側面から分析する必要がある。

【EPSの増減分析の視点】

買収対価	検討すべき構成要素	影響を与える一般的な項目（例示）	分析の視点
現金	当期純利益	・対象会社の当期純利益 ・のれん償却費 ・金利負担（借入増加等）	連結当期純利益への影響がプラスとなるか？
自社株式	当期純利益	（上記同様）	株数増で減少するEPSを補うだけの連結当期純利益が発生するか？
	発行済株式総数	・株式の交付数	

Q-9 M&Aにあたっての社内手続き上の留意点について教えてほしい。

A 　M&Aは，設備購入と同様に投資であるため，当然，投資額に応じて社内で必要となる承認手続きを済ませなくてはいけない。社内決裁の都合でM&A全体のスケジュールに影響を及ぼす可能性もあるため，いつまでにどのような決裁が必要になるかを事前に把握しておく必要がある。

1　社内手続きの把握

　M&Aは常に時間に追われる。売り手によっては一定の期日までに売却しなくてはいけない事情を抱え，スケジュールの遅延が許されないケースもある。売り手との間でスケジュールを決めるにあたって，必要となる社内手続きの把握は極めて重要である。

　現在検討しているM&Aでどのような決裁を得る必要があるのか社内規程や法務部に確認をとり，事前に把握をしておく，決裁ルートの確認がとれたら，それぞれの会議体がいつ開催されるか，必要書類は何かを確認しておくといったことが必要となる。

　例えば，取締役会決議が必要となる場合，取締役会は月に一度のみの開催で，臨時の開催が難しいということも少なくないため，会議体の開催日はあらかじめ押さえておく必要があるとともに，それまでに必要書類を準備しておかないと，再決裁となるリスクがある。

　なお，一般的に最終決裁は取締役会決議となることが多いが，その前段階として，経営会議や投資委員会等の意思決定機関で諸条件を決定する。

　入札案件における一時入札など，一般的に法的拘束力がない場合においては，取締役会決議を必要としていない会社も多い。

　また，社内手続きとしてM&Aに必要な資金の有無の確認，場合によっては

資金調達手段や金額に応じて，金融機関との交渉や，資金調達のための社内手続きも必要となる。さらに，上場企業の場合には，M&Aのどの段階で開示が必要となるのか，必要となる書類の作成，承認過程も確認しておく必要がある。

このように社内的にも確認・実施すべき事項は多岐にわたるため，社内のプロジェクトチームによる案件管理が重要になる（社内プロジェクトについては，Q10参照）。

2　その他の留意点

必要な手続きを確認し，案件を進めていく中では，適宜，案件の進捗状況を必要な部署に報告しておくことで，決裁がスムーズに行われる。案件を一度手がけた場合には，社内手続きのフローをリスト化しておくことで，二度目の案件以降はより円滑に進めることができる。

複数回の決裁を得る必要がある場合に，最終決裁の前の段階ではまだ売り手との交渉中であることも少なくない。そのような場合に，売却価格に幅を持たせる等，交渉のレンジを残して社内の決裁にかけることで，二度手間を避けることが可能になる。

また，社内決裁をとるうえで，M&A担当者は社内申請書類を作成する必要があり，相応の労力を要することも少なくない。このとき，DDで外部専門家に調査を依頼する際に，最終的にどのような情報が必要かを知らせておくことで，申請書類の作成をスムーズに進めることができる。FAやDDの専門家をリピートすることで，会議体でどのような資料が必要かを彼らが把握することが可能となるため，案件をスムーズに進める観点では単にコストの安い外部専門家を利用するよりも結果として全体のコストは低く抑えられることもある。

Q-10 社内プロジェクト・チーム（PJ）のつくり方と留意点を教えて
ほしい。

A 　社内PJチームの組成段階では，誰がPJオーナーであるかを明確に
することが重要である。最終的な投資判断は経営トップ層に委ねられ
るが，M&Aの現場ではタイムリーに判断していかなければならないことも多
い。PJオーナーは社内の意思決定者もしくは最終的な投資判断をする経営
トップ層に対して交渉するのに適した人材を採用すべきである。PJオーナー
の下，最初から最後まで買収目的をぶらさず，買収を進めることのリスクと買
収断念のトリガーを常に頭に置いてコアメンバーとの意思共有を図ることが重
要となる。以下，留意点について概説する。

1　M&Aのフェーズに応じたPJチームのつくり方

①　初期的な検討段階

　M&Aの取組み自体が社内でも極秘情報であるため，秘密裡にプロセスを進
めていく必要がある。そのため，ティーザー[2]入手段階や秘密保持誓約書を差
し入れて限定的な情報を入手した段階では，本格的に案件を検討していくか否
かの判断に必要な限定メンバーで予備的な検討を行う。本格的に検討を開始
（例えば，入札案件であれば一次入札の提出に向けた検討）する段階では，法
的拘束力はないものの主要な買収条件を書面で提示することになるため，その
意思決定に関与するメンバーには情報を共有したうえで，社内のコアメンバー
3〜5名程度に外部FAを加えたメンバーで検討するのが一般的である。ここ
での留意点は，限られた時間軸の中で効率的に検討を進めていく必要があるた
め，常時会議に出席することを想定しているコアメンバーを必要以上に増やさ

2　買収対象会社を特定できない程度に，対象会社の業種や売上高等の財務情報をまと
めた匿名の企業概要のことである。

ないことである。その代わり，会議等で打ち合わせた内容は必ず議事録に残し，コアメンバー以外との状況共有や後のフェーズで追加的に参画してくる他のメンバーとの情報共有に役立てる。なお，特に上場会社については，関係者によるインサイダー取引防止の観点に留意する必要があり，この後案件検討が本格化する段階では①（社内外）関与者をリスト化，②社内の関与者から秘密保持誓約書（関係株式の売買を行わない旨を含む）の提出を受ける，③社内外での会議体等で，いつ，誰が，何の情報を知ったかという観点で記録をつけておくことが望ましい。特に③は将来案件が公表された後に，証券取引所関連法人から，「経緯書」の提出を求められることがあり，この観点でも必須である。

②　基本合意〜最終契約段階

　基本合意の本格的な交渉に入る段階では，新たに法務部または外部のリーガルアドバイザーの関与が求められる。それ以外の経理等のコーポレートのメンバーは，通常はDDの準備段階からコアメンバーに加わることになる。その際，財務および法務DDについては外部の専門家を起用するのが通常だが，その連絡窓口を会社のどの部署が担うのか，あるいはFAが担うのか等の役割分担を明確にしておく。また，ビジネスDDに備えて他の事業部メンバーもコアメンバーとして参画させるのもこのタイミングである。さらに，買収後経営を見越して，他の事業部の主要メンバーや人事部や総務部といったメンバーとも情報共有を進めていくのもこの時期である。なお，この段階ではDDや交渉などで相手方とのコミュニケーションが多数発生する。この際に，競争法上の問題が発生しないように，"機微情報"に触れることができるメンバーを限定したクリーンチームを組成する必要が生じることもあるので，この観点からの検討を忘れてはならない。

③　最終契約〜クロージング段階

　最終合意に備えて，対外公表の必要性がある場合には早い段階でIR・広報にも関与させておく。対外公表後であれば，情報の機密性を維持する観点からのメンバーの限定からは解放されるが，交渉の経緯の記録や，検討中に入手した資料を整理して保管しておく等の役割分担も明確にしておく。

2 社内プロジェクト・チームの組成にあたってのチェックポイント

プロジェクト・チーム内では機密情報が共有されるため，以下は社内プロジェクト・チームを組成した際のチェックリストとしてご活用いただきたい。

☐	ワーキンググループリストを作成しているか（特に機密性が高い場合，コアメンバーから機密保持誓約書を差し入れてもらう）
☐	会社名は固有名詞ではなくコードネームを使用しているか
☐	関連する文書にプロジェクト固有のパスワードが設定されているか
☐	メーリングリストの登録者を定期的に確認する体制が取られているか
☐	定例会議の設定頻度と出席予定者は適正か

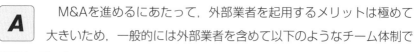

Q-11 M&Aを進めるにあたって外部業者は起用したほうがいいか。また，コストはどれくらいかかるか教えてほしい。

A M&Aを進めるにあたって，外部業者を起用するメリットは極めて大きいため，一般的には外部業者を含めて以下のようなチーム体制で推進していく。

【PJ体制図】

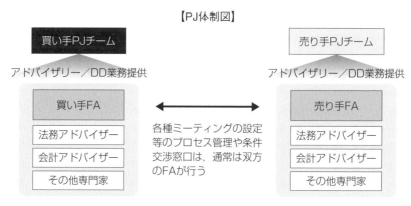

1　通常起用する外部専門家

　フィナンシャルアドバイザー（以下，「FA」）を除き，外部専門家としては弁護士と公認会計士・税理士の起用は通常の案件であれば必須となる。M&Aに慣れていない場合には，無駄なコストが発生しないように起用のタイミングや依頼業務について事前にFAと十分に擦り合わせを行うほうがよい。

①　法務アドバイザー

　法的観点からみた案件の定性的なリスクをあらかじめ認識しておくためには，法務アドバイザーは初期の検討段階から関与を求めるほうが賢明である。その際，顧問弁護士等ではなく，M&Aを専門的に扱う弁護士を起用することが望ましい。法務DDから最終契約交渉に至るまで法務アドバイザーの役割は多岐にわたる。通常は，時間チャージでの報酬が発生する。

② 会計アドバイザー

会計アドバイザーは，主として財務DDの担当として起用するが，国内の組織再編が絡んだM&Aやクロスボーダー案件の場合には，買収ストラクチャーの検討において会計・税務上の諸問題に関するアドバイザーとしても必要とされる。通常は，DDであれば固定の成果物報酬だが，それ以外は原則として時間チャージでの報酬が発生する。

③ その他の専門家

弁護士や公認会計士以外にも必要に応じて起用される専門家としては，対象事業の事業性や市場環境，事業リスク等を調査するために起用する事業戦略系コンサルティングファーム，ITシステムに関する調査のためのITコンサルタント，人事制度や年金プランの承継にあたってアドバイスを必要とする場合の人事コンサルタント，工場の土壌汚染や水質汚染調査を依頼する環境コンサルタント，店舗や宿泊施設等の設備面からの専門的なアドバイスを依頼する設備コンサルタント等がある。買い手の自前のリソースでは判断できない場合や，短時間に調査を終える必要がある場合等，そのときの状況に応じて起用するか否かの判断を行うことになる。

2　外部業者起用に際して発生するコスト

案件に要する期間や複雑性，難易度等に応じて，またどのような業務スコープで依頼を行うのかによって必要となるコストは大幅に異なってくる。ある程度フルスコープで業務依頼した場合の目安として，少なくとも以下の報酬水準程度は想定しておく必要はある。

案件サイズ	小規模	中規模	大規模
（規模イメージ）	（10億円以下）	（10〜100億円）	（100億円以上）
FA	3,000万円〜	5,000万円〜	1億円〜
法務アドバイザー(注)	500万円〜	2,000万円〜	4,000万円〜
会計アドバイザー	500万円〜	1,000万円〜	2,000万円〜

(注) 法務アドバイザーは，法務DDの報酬を含む。

　その他，公開買付を要する案件では，代理人手数料が数千万円のオーダーで発生することがある。

⋯ *M&A*コラム ⋯

EBITDA（Earnings Before Interest, Taxes, Depreciation and Amortization）の怪

　事業価値や株式価値評価の手法にはさまざまなものがあるが，概して，当該事業から生じるキャッシュの創出能力に重きがおかれることが多いようだ。1つの指標としてEBITDA倍率で評価をするという考え方は広く受け容れられている。そのEBITDAにまつわる経験談を2つ紹介する。

　①「今期のEBITDA見込みに対して倍率10倍を乗じましょう」という売り手からの主張に対し，「今期は償却がここ数期で最大であり，そこでEBITDAをピン留めしようとするのは納得できない」と買い手が反論。

　②ある会社の事業計画を拝見したところ，ここ数年間EBITDAは30億円で推移している。3年後には70億円に成長することになっていた。一方，売上高はその間もほぼ横ばいで，そこまで急激に増える計画にはなっていない。理由をお伺いすると，今期以降相当大幅な設備の更新投資を行うために償却がかなり増える，という説明を受けた。

　もうおわかりかと思う。EBITDAを説明する際に，「営業利益に償却費を足し戻したもの」と説明されることが多く，上の2つのケースはそれを文字どおり受け止めてしまっていることにより生じる大きな誤解である。本来，EBITDAは営業利益よりも上位にあるはずで，「EBITDAは営業利益に償却費を足し戻したもの」ではなく，「EBITDAから償却費を控除したものが営業利益」と説明するのが正しい。

　①は，営業利益が一定で，そこに（ここ数期で最大となる）償却費を加算すればEBITDAが過大になる，という主張。もちろんそんなことはなく，EBITDAが先にあってそこから（ここ数期で最大となる）償却費を減算すれば，営業利益が相対的に小さくなっているはずだ。②も根本は同じ。事業計画としては，売上高もほぼ横ばいなので，償却費が増える分営業利益が小さくなる計画とすべきであった。

　EBITDAは極めて重要な指標だけに，誤った理解のもとで使うと大きな事故になりかねない。ご注意ください。

Q-12 フィナンシャルアドバイザーはどこを起用すればいいか教えてほしい。

A M&A取引におけるフィナンシャルアドバイザー（以下，「FA」）は，案件のプロセスマネジメントから各種会議の設定，DD実施のコーディネーション，弁護士や公認会計士等の専門家との意見交換の取りまとめ，相手方との交渉代理，対外公表やクロージングの支援に至るまで，M&A実行に関するあらゆるアドバイスを提供する役割を担う。

1 FAの属性による分類

FAは，一般的にその属性に応じて以下に大別される。

① 国内の大手証券会社

国内の大手証券会社はM&AのFAサービスを提供するチームを有している。証券会社なので，上場企業が実施する公開買付け（TOB）の公開買付代理人を兼務することが可能で，また第三者割当増資や上場企業同士の統合案件において証券実務に強みを持つ。

② 外資系投資銀行

外資系投資銀行の強みは，グローバルの金融市場における知名度，つまりブランド力である。世界的に有名な企業によるM&Aや大型M&Aにおいて豊富な実績を有する反面，報酬が相対的に高額であり，ミニマム報酬もあるため，中小規模のM&Aを手がけるケースは稀である。

③ 大手監査法人系

いわゆる監査法人傘下のFAS（Financial Advisory Service）チームがFA業務を担い，買い手側のFAではDD業務も併せて提供することができる。また，買収ストラクチャーの検討における会計・税務上のアドバイス，企業価値評価業務といった領域に強みを有する。ただし，監査法人としての独立性の問題から，

監査クライアントに対するFA業務が提供できない場合があるので留意が必要である。

④　独立系ブティックファーム

金融機関系や監査法人とは異なり，M&AにおけるFA業務を専業としているため，クライアントとの間に利益相反なくアドバイスを提供することが可能である。特に，FA起用におけるガバナンスが厳しくチェックされる北米では，独立系ブティックファームの市場シェアが高い。投資銀行と比べてブランド力では劣るファームも多いが，実績が豊富な独立系ブティックファームはその実力値も高く評価されている。

⑤　仲介業者

仲介業者は，M&Aの売り手と買い手の仲介を行う事業モデルであり，一般的には案件が成立した場合に売り手と買い手双方から一定の（紹介）手数料を受領する双方代理を前提とする。案件が成立するごとにインセンティブが働く仕組みとなっているため，一定規模以上の案件であれば，案件の紹介者である仲介業者とは別に，自らの最善の利益のためにアドバイスを提供してくれるFAを起用するのが一般的である。

⑥　銀　行

近年では，事業承継型のM&Aのニーズの高まりを受けて，各銀行もM&AのFA業務に力を入れはじめている。ただし，大きな案件や複雑な難易度の高い案件実績に乏しいケースが多いため，もっぱら仲介業者的な機能に限定される場合もある。また，銀行自らがM&Aの融資機能を担う場合には，買い手であるクライアントに対して一定以上の融資額を確保するという側面と，FAとして買収価格をできるだけ安くなるよう交渉する，という面で潜在的なコンフリクトが存在する点は留意が必要である。

2　案件タイプ別のFA起用

上記特色を踏まえたうえで，案件タイプ別に一般的に選定されるFAは，以下のとおり。当然ながら一概にはいえないため，依頼者側の投資方針を十分に

理解し，信頼できるFAを起用することが重要であり，また，個別案件ごとに勘案したうえで強みを最大限発揮できるFAを使い分けることがポイントである。

【案件タイプ別のFAの起用例】

案件タイプ	一般的に起用されるFA
上場企業同士の統合	大手証券会社，外資系投資銀行，独立系
国内の非公開会社の買収	大手証券会社，独立系，監査法人系
クロスボーダー案件	外資系投資銀行，独立系
事業承継案件	銀行系，監査法人系，独立系，仲介業者，銀行

① 上場企業同士の統合

上場企業によるTOB案件や上場企業同士の統合案件の場合，当該M&Aが株式市場に与える影響は極めて大きいため，一般的には株式市場に精通した大手証券会社や外資系証券会社，独立系ブティックファームを起用するケースが多い。当事会社の株主への説明責任を果たすうえで，やはりブランド力のある会社をFAに起用することで市場の信頼をより得やすいという利点があるためである。一方で，報酬は相対的に高額となるケースが多い。なお，TOB案件の場合，公開買付代理人として証券会社の関与が必要となるため，証券会社をFAとして最初から起用するケースと，独立系ブティックファームをFAとして起用しながら公開買付代理人として別途証券会社を起用するケースがある。

② 国内の非公開企業の買収

国内の非公開企業を買収する場合，対象事業に関する買収リスクの洗い出しや買収ストラクチャーの工夫が必要となるケースが多く，また売り手との相対での交渉力が求められることから，独立系ブティックファーム，大手監査法人系，国内大手証券会社が起用されるケースが多い。中小規模のM&Aの場合は，外資系投資銀行のミニマム報酬が案件サイズに見合わないケースが多いため，外資系投資銀行の起用は大型案件に限られる。また，再生案件の場合には，再生に精通した大手監査法人系や独立系ブティックファームが起用されるケース

が多い。

③　クロスボーダー案件

　海外の事業を買収するクロスボーダー案件の場合，大型案件であれば外資系投資銀行が，中小規模案件であればグローバルのネットワークを持つ独立系ブティックファームが起用されるケースが多い。海外といっても，業種や国・地域によって特性は大きく異なるため，当該国・地域でのアドバイザリー実績を十分に勘案のうえ，FAの選定を行うことが望ましい。

④　事業承継案件

　事業承継案件の場合，その多くが中小規模案件であるため，また，多数の売り手・買い手候補を仲介することで案件が成立するケースが多いことから，仲介役となる地方銀行や仲介業者がFAとして関与するケースが多い。また，仲介業者の場合は，売り手と買い手の双方を代理することとなるため利益相反には留意が必要であるが，スムーズな案件の完了を希望する事業オーナーにとってみれば大きな障害とならないケースもある。

3　M&Aの専門家を起用することの重要性

　M&AのFAは，担当する個人の能力にも依存する。リーグテーブルに登場するような大手であればクオリティも一定の安心感があるが，中小ブティックでは担当する個人によって能力が異なる可能性が高いため，実績経験を見極めて選定する必要がある。また，顧問弁護士や顧問公認会計士をFAとして起用するケースが見受けられることもあるが，やはりM&A特有の問題等が多く存在するため，M&Aの専門家であるFAを起用することを推奨したい。

```
M&Aコラム
```

投資ファンド

　1990年代には，日本にも投資ファンドが登場した。バブル期の過剰投資等が原因となって債務整理の必要のある企業による事業売却が盛んになったのが90年代の終盤であったが，これらの受け皿として急速に投資ファンドが存在感をあらわすようになった。当時，買い手として優れているのは事業会社と投資ファンドのどちらか，という議論がよくなされており，一般に「シナジーのない投資ファンドよりも，シナジーが期待できる事業会社のほうが高い買収予算をつけることができる」といわれていた。しかしながら，実際に入札してみると事業会社より投資ファンドのほうが高い買収価格をつけていたケースがはるかに多かった。

　なぜ，そのようなことになるのか。１つには，本文で記載しているように，統合のコストシナジーを除き，事業会社であっても意外に定量化するほどのシナジーがないケースが多いということもあるかと思う。定性的なシナジーを否定しているものではなく，定量化が難しい，あるいは定量化できてもそこまで大きな水準にならないことが多いということなのだが，シナジー面が決定的にならなければ上記のロジックが成り立たないのは自明である。

　その他にも決定的な違いとして投資のスタイルがある。事業会社は，買収する際に売却を前提としておらず，資金は手許現金かまたはコーポレート借入で行い，買収後ただちに対象会社にドラスティックな変革を強いるケースは少ない。これに対し投資ファンドは２－５年程度での売却を前提として，短期的なキャッシュフロー改善を求め，投資資金の最大化が目標だから個別事案ごとにレバレッジを利かせた買収を行う。事業会社は適正な買収金額はいくらか，社内のハードルレートを超えているかといった議論に終始しがちで，加えて上場会社はのれんを気にするのでPBRも重視する。

　一方，投資ファンドは買収価格についても財務非公開なのでPBRなどは気にせず，EBITDA（キャッシュの創出力）を重視，そして投資をいくら回収できるかという点が検討の中心となる。そのような考え方の違いも買収価格の差となってあらわれていたように思う。投資ファンドは可能な限りレバレッジをかけるが，そうすればデットが返済される分自動的にエクイティの価値が増えていくという仕組みがあるところは大きな特徴といえる。具体的な数字を使って例示すると次のようになる。

（投資ファンドの買収からエグジットまでの例）
1．EBITDAが100の事業を，EBITDA倍率8倍の800（内訳：エクイティ200，デット600）で買収。
2．4年かけてEBITDAを120に成長させ，一方，その間毎年60のデットを返済（4年後にデットは360まで減少）。
3．4年後に事業を売却。このとき仮にEBITDA倍率が同じ8倍だとしても，960での売却となり，デット360を除いた600がエクイティとしてのリターンとなる（200の投資が600になる計算）。

　当たり前の話ではあるのだが，当時はこの仕組みに感心したことを覚えている。同時にリスクマネーを供給するという意味ではシニアのレンダーもたいして変わらないから，どうせファイナンスするならファンドとしてやりたいという同僚もいた。

第**3**章

ターゲット選定／折衝

　戦略を達成する手段としてM&Aを選択する場合には，その買収対象となる企業，あるいはパートナーといったほうが適切かもしれないが，こういったターゲットを適切に選定する必要がある。

　ターゲット選定後，M&Aに進むためには，まず相手方を交渉のテーブルにつかせることから始まる。交渉のテーブルについてもらった後は，M&Aに係る提案をしなければならない。この提案は独りよがりではいけないし，パートナーとなる対象会社または売り手にとっても，皆がWin-Winになるような内容が必要となる。

　本章では，実務におけるターゲット選定の方法とその選定先へのアプローチ方法，また基本合意のポイントについて解説する。

Q-13　ロングリスト，ショートリストとは何か教えてほしい。

A　ロングリストは，一定の基準を設け買収候補先企業をリストアップしたものである。ショートリストは，スクリーニング基準をより詳細にし，ロングリストにて抽出した買収候補先企業を絞り込んだリストである。ショートリストにてピックアップされた企業をベースに，最終的なアプローチ先を決めることとなる。

なお，これらのリストを作成しただけで，具体的な企業へのアプローチまで進まない会社も多いが，そうなることのないよう，作成したリストは十分に活用することが望ましい。

1　ロングリスト

昨今，M&Aを重要な経営戦略として位置づける企業は増えており，M&A市場は売り手市場といえる。そのため，受け身の姿勢では優良な買収ターゲットになかなかめぐりあえないのが実情である。そこで，買い手自らターゲットへアプローチする積極的な姿勢が必要となってくるが，そのスタートがロングリストの作成である。

①　ロングリストのスクリーニング基準

ロングリストは買収目的に合致する企業をある程度網羅的にリストアップすることが目的であるため，スクリーニング基準は緩やかなものになる。一般的には，業種，事業規模，展開エリアをベースに，数十社，多いときには100社近くの候補先がリストアップされる。

②　ロングリスト作成時のデータソース

インターネットが普及している今日においては，各社ウェブサイトからある程度の基本情報の入手は可能である。また，有料とはなるがFACTSET，

SPEEDA等のデータベース業者のツールを活用することで，より効率的に候補先企業のリストアップをすることもできる。

2　ショートリスト

スクリーニング基準をより詳細にし，ロングリストをさらに絞り込んだものであり，一般的には10社程度に絞られる。ショートリストをもとに，具体的にどの企業へアプローチするかを検討することとなる。

①　ショートリストのスクリーニング基準

特に明確な基準があるものではないが，売上高，製品・サービス，展開エリアを基準とし，自社のM&A戦略にマッチした企業へ絞り込む（リスト作成時の基準に関する詳細はQ14参照）。

②　ショートリスト作成時のデータソース

各社ウェブサイトが基本となる点はロングリスト作成時と同様であるが，非上場企業は財務情報が開示されていないことが少なくない。その場合，有料ではあるが，帝国データバンク，東京商工リサーチ等の企業調査レポートを活用することがある。

3　外部専門家の活用

昨今，投資銀行，証券会社，アドバイザリーファーム等では，セクター別担当者を置き，当該担当者が日々担当している業界の動向を追いかけていることが一般的となっており，事業会社が入手していないような案件情報をつかんでいることも少なくない。

したがって，新規事業を対象としたM&Aを検討している場合だけでなく，同じ業界のM&Aを検討している際においても，外部専門家を活用することでより多くの有用な情報が入手できる可能性がある。

Q-14　ターゲットを絞り込んでいく際の留意点があれば教えてほしい。

A　一般的に，①ロングリスト作成，②ショートリスト作成，③アプローチ企業選定，の3段階がターゲット絞込みにおけるプロセスとなる。ロングリストはその性質上，ターゲット業界の類似企業をある程度網羅的にリストアップすれば良く，特段留意点はないといえるが，②ショートリスト作成，③アプローチ企業選定においては，M&A戦略とマッチした適切な基準にて絞り込んでいくことがポイントとなる。明確な基準はないが，製品・サービス，展開エリア，規模，形態等の切り口で絞り込んでいくのが一般的である。

1　ショートリスト

①　製品・サービス

ロングリストにて，M&Aターゲットと成り得る事業を展開する企業を抽出してはいるが，ここでは踏み込んだ分析が行われる。公開情報等の初期的な情報に基づくものに留まるが，販売・製造面等の期待されるシナジーについて検討できると望ましい。実際には，M&A目的に照らして明らかにずれているということでない限りリストから外れることはあまりなく，アプローチ企業選定時の判断材料として使われることが多い。

②　展開エリア

M&A目的およびシナジーの点から，対象会社がどの地域をカバーしているかは重要な判断基準となる。また，ターゲットの重要拠点が海外である等，現実的なターゲットに成り得るかという点でも重要である。したがって，M&A戦略との合致および買収後ガバナンスの視点から，展開エリアを基準として絞込みが行われることがある。

③ 規 模

自社より規模の大きい企業を買収するケースもあるものの，規模の大きい企業の買収を行うのは容易ではなく，規模が大きい場合リストから外れることがある。逆にあまりにも小さい場合はM&Aの効果が乏しいとして外れることがある。このように，売上等の事業規模を基準とし，適したサイズのターゲットに絞り込むことがある。

2 アプローチ企業選定

買収提案・交渉等のフェーズへ進んだ場合，社内または社外リソースを使用することとなり，ショートリストの全企業にアプローチするのは現実的ではなく，アプローチする企業を絞るまたは優先順位をつける必要がある。

① 株主属性（上場，非上場，独立系，グループ会社等）

実現可能性の点から，株主属性等について留意することが考えられる。例えば，上場企業の場合，TOBによる買収となり，プロセス煩雑化およびプレミアムによる買収額高騰の可能性がある。オーナー系・独立系企業の場合は買収に同意する可能性が一般的には低く（ただし，事業承継による売却ニーズが存在する可能性もあり），グループ会社の場合は事業ポートフォリオの見直しから売却に同意する可能性は比較的高いともいえる。

このような視点から，実現可能性が明らかに低い場合，候補先から外し時間と労力を使うことを避けることも必要である。ただし，アプローチを断念したとしてもリストアップは無駄ではなく，将来当該企業が売却案件として出てきた場合に，素早くアクションを起こすことができる。

② スコアリング

必ずしも機械的に行えるものでもないが，優先順位を付けることが難しい場合，スコアリングを行うことも1つの方法として考えられる。例えば，前述のショートリスト作成時の基準ごとに1～5段階のスコアを付け，合計点が多い順に優先順位を付ける方法である。

Q-15 ターゲットを絞り込んでいく際にポイントとなる財務指標について教えてほしい。

A　　Q14にて述べた絞込みの基準は，M&A戦略との適合性等，定性的な視点を重視したものであったが，財務的な視点でも検討する必要が出てくる。重要な財務指標としては，営業利益およびEBITDA等の収益指標，ROE及びROA等の投資効率に関する指標，PER等のバリュエーション指標，D/Eレシオおよび自己資本比率等の財務健全性を示す指標が考えられる。一般的には，収益力や投資効率を示す財務指標を参考にすることが多い。

1　売上総利益率，営業利益率

　売上総利益率および営業利益率は収益性を示す重要な指標である。当該指標について同業他社と比較することで対象会社の収益力が優れているか否かが検討できる。なお，1期のみではなく3期程度の期間を比較することが望ましい。そうすることで，同業他社との比較に加え対象会社の収益力の変化も分析することができる。

2　EBITDA

　上記の営業利益および売上総利益は減価償却費が費用として含まれており，会計方針の影響を受ける可能性のある財務指標である。そこで，会計方針の影響を受けにくい指標として，EBITDAが重視される。実務的には簡便的に「EBITDA＝営業利益＋減価償却費」とすることが多い。

3　その他の財務指標

①　ROE（自己資本利益率），ROA（総資本利益率）

　ROEは「純利益÷自己資本」，ROAは「純利益÷総資産」にて算出され，企

業が自己資本または資産を効率的に活用しビジネスを行っているかを示す指標である。株式市場にて投資家が参考としており，M&Aにおいても参考となる指標である。また，自社が上場企業の場合，買収後に自社のROE，ROAへ与える影響を分析することも重要となる。

② EV/売上高倍率，EV/EBITDA倍率，PER（株価収益率）

　これらは，企業価値（＝株式時価総額＋有利子負債）を売上，EBITDA等で割ることで算出される株式評価の指標であり，上場企業の場合にのみ算出できる指標である。ターゲットが非上場企業である場合，類似上場企業の倍率にターゲット企業の財務数値をかけ買収価格の目安を試算することがよく行われる。ターゲットが上場企業である場合は，同業他社との倍率を比較することで市場の評価を計ることができる。また，これらも前述と同様に，自社が上場企業の場合，買収後に自社の当該指標へ与える影響を分析することも重要である。特に近年は多額ののれんが発生するM&Aが多く，現在の日本の会計基準においてのれんは償却され販管費として処理されることから，買収後に自社のPERが下がるケースも少なくない。

③ D/Eレシオ（負債自己資本倍率），自己資本比率

　D/Eレシオは「有利子負債÷自己資本」，自己資本比率は「自己資本÷総資産」にて算出される財務健全性を示す指標である。D/Eレシオが低いまたは自己資本比率が高い場合は，財務健全性が高いといえる。ただし，財務健全性が高いということは裏を返せば財務レバレッジを利かせていないともいえ，また，「いくらであれば良い」という絶対的な目安はなく，同業他社との比較によりターゲットの水準について検討する必要がある。

Q-16 対象会社へはどのようにアプローチしたらよいか教えてほしい。

A 　リストをもとにした買い手側からの新規のアプローチ，既存の取引先の買収案件等，個別ケースにより異なってくるが，いずれのケースにおいてもFAを活用することのメリットは大きいといえる。また，アプローチ相手は，一般的に売主（対象会社の株主）であるが，ビジネスの協業が目的である場合，最初に対象会社へアプローチすることも有効である。

1　リストをもとにして買い手側から新規にアプローチする場合

①　FAの利用

　既存の取引先等ではない相手方へ買い手からアプローチする場合においては，まず相手側に売却の意思があるかを確認することが必要となるが，それにはFAを通じコンタクトを図ることが望ましい。両社が直接接触した場合，業界内で噂となる可能性があるため，初期的な売却意向確認の段階では直接コンタクトは避け，FAを通じてコンタクトすべきである。具体的には，買い手の名前を伏せ，業種，規模，買収目的等の基本的な情報を伝えつつ感触を探ることになる。また，ときには買い手企業については一切明かさず，FAのアイデアとして対象会社の意向を探る方法もある。

②　アプローチ前の準備

　買い手側からアプローチする場合，相手側に売却意向があるかが不明であり，場合によっては相手を口説き落とすことも必要になるため，M&Aの目的・意義，シナジーを整理し，売り手を納得させることのできるストーリーの準備が重要である。また，売主に売却意向があったとしても対象会社が前向きでない場合，成功可能性が低くなるため，対象会社を前向きにさせるにも重要といえる。

　ただし，こちらが入念に検討・準備をしたとしても，売却意向のない相手の考えを動かすことは容易ではなく，失敗に終わるケースがほとんどというのが現実である。しかし，この作業は決して無駄ではなく，これらの作業を行うことで自社のM&A戦略，ひいては成長戦略の整理を行う機会になりうる。さらに，現時点では売却意向がないとしても，将来において売却案件として出てくることは十分にありうる話であり，その際に素早いアクションを起こすことができる。

2　既存の取引先の買収案件

　取引先との業務提携等の話からM&Aへと話が進んだ場合，普段のビジネス上のつながりから，買い手に直接持込まれるケースがある。このような場合，お互いに既知の間柄であるため，あえてFAを立てる必要がないと思われるが，このようなケースにおいてもFA起用のメリットはある。

　M&Aは，基本事項の合意後，DD，契約条件交渉とプロセスが進んでいくが，契約条件をつめていく中で，両者の折り合いがつかず頓挫することは十分に起こりうることがある。しかし，買い手としては多くの時間を費やすのはもちろんのこと，通常はFAやDD専門家等の外部専門家を雇い，コストをかけて真剣に検討することになるため，できるだけ途中で案件が頓挫するリスクを最小化できることが望ましい。本来は，初期段階できちんとコミュニケーションをとることで，このような事態が生じるリスクを減らすことができるが，既知の間柄ということで，双方が遠慮し初期段階で踏み込んだ話ができず，M&Aプロセスの後半になって初めて両者の意見相違が顕在化するということが少なくない。そこで，FAが間に入りコミュニケーションをとり，重要事項について初期段階での確認・コミュニケーションを図ることで，このような事態を回避できることがある。

---

*M&A*コラム

株主との対話も変わる

　少なくとも90年代前半ぐらいまでは，伝統的な日本の会社の多くにおいては，取締役のポジションは「サラリーマンの上がり」以上の意味はなかったように思う。その頂点は社長。経営陣の選任手続きは株主総会によるのだが，株主から経営を任されているという気持ちで日々経営にあたっていた経営者がどれだけいただろうか。高度経済成長期からバブルまで株価は放っておいてもどんどん上がっていったし，株主の側にもそれほどの意識はなく，当時「株主ガバナンス」といっても理解されることはなかっただろう。

　この時代に会社が気にしていた株主は特殊株主である「総会屋」だった。今ではすっかり姿を見なくなったのでそれが何なのかを具体的に知らない人も多いだろう。総会屋はもちろん株主ではあるのだが，その行為は株主としての権利行使をはるかに超えて株主総会を混乱させたり（野党総会屋），またはその混乱を収拾する役割を担うことによって（与党総会屋）会社に利益を要求することを生業とする人たちであった。

　会社との関係は総会だけではなく，日常的な関与がある。会社をいろいろなネタで脅して利益供与を受けるもので，会社の総務部に総会屋担当が置かれていたことは割と普通だったはずだ。今でも株主総会の予行練習をやることはあるが，当時の予行練習はほぼ総会屋対策で社員株主と総会屋役がいて本番さながらの怒号が飛び交うようなものだった。屈強な体躯の社員株主を大勢集めて会社側の説明に「意義なーし！」と叫ばせて，総会屋の発言を封じるという，振り返ってみれば茶番のように思われるものだが，当時はみな真剣だった。総会屋の登場を少しでも防ぐために，株主総会の日時を横並びであわせるのは当たり前だった。

　各時代でいろいろな事件がおきて都度法律が改正され，1997年の第一勧銀事件（「呪縛が解けなかった。」と頭取が記者会見で発言し，後に映画にもなった）を契機とした商法改正以降急速に総会屋は表舞台から姿を消した。

　時間は前後するが1993年に株主代表訴訟を提起しやすくなる法改正が行われ，「企業統治」が日本でも語られるようになった。90年代終わりには，姿を消した総会屋に代わってコーポレートガバナンスやエクイティガバナンスの観点で「正しい要求をする」株主が活動し始める。

　衝撃的だったのは村上ファンドではないだろうか。元通産省や警察庁の官

僚，野村證券出身者等により運営されており，理論的裏付けもしっかりしていた。とはいえ，主張が正しいからといって世間がそれを素直に受け入れたかというとそうでもなく，会社側にいろいろな判断を短期間に迫るような手法に対しては反発も大きかった。もっとも，その活動があったことにより再編が進み企業価値が向上したと考えられる会社があったことも事実であるし，同ファンドが日本のコーポレートガバナンスの在り方に一石を投じたのは間違いない。

　その後も今日に至るまでアクティビストファンドは数も増えその規模も大きくなり，上場会社にとってアクティビストファンドが株主となることは最早特別なことでもなんでもなくなっている。かつての"ニッポン株式会社"的なガバナンスはグローバルスタンダードという旗のもとでは，どんどん通用しなくなってきている。そのことの良し悪しはともかくとして，もしかするとこれまでの意識を変えないと資本市場の正論を主張してくるアクティビストファンドとは対話ができないかもしれない。

　もちろん経営側にも言い分があって，短期的な視点よりも長期的に企業価値を高める視点が重要だ，という主張もあるかもしれない。しかし，上場している以上いろいろな意見を聞いて対話をしていかなくてはならないわけで，それが難しければ道は非公開化しかないが，非公開化してもエクイティ・ガバナンスという大前提のフレームワークが無くなるわけではない。もし自らの思うように経営したい，それが企業価値の最大化につながるという強い信念があるならMBOは重要な選択肢となろう。

Q-17 秘密保持契約とは何か教えてほしい。

A　　M&Aを成功裏に終えるには，案件の存在および内容を秘密にしておく必要性がある。また，買い手は対象会社に関するさまざまな情報を入手することになるが，売り手としては，当該情報がM&A目的以外に転用されることや，第三者へ開示されることを避ける必要性もある。そのため，M&Aの検討開始に際し，買い手と売り手の間において秘密保持契約を締結することが通常である。英語ではNon-Disclosure Agreement，Confidential Agreementと表記するため，「NDA」または「CA」と呼ばれることが多い。

1　秘密保持契約の形式

　秘密保持契約は一般的に大きく2種類に分けられる。1つ目は，「秘密保持契約書」として，買い手と売り手が双方に署名捺印するケースである。これは，経営統合等，買い手と売り手が双方とも情報を開示することが想定される場合に締結されることが多い。もう1つは，「秘密保持誓約書」として，買い手が署名捺印し売り手へ差入れるタイプである。通常の買収案件のように売り手からの情報開示のみが想定されている場合は，差入形式が使われることが多い。

　また，DDに入る段階において，基本合意契約等が締結されることがあるが，基本合意契約等の中に秘密保持条項が設けられることで対応するケースもある。

2　秘密保持契約締結時の留意点

　秘密保持契約も契約書の1つであり，締結に際しては適宜，内容確認およびマークアップを行うこととなるが，M&Aが経営戦略の手段として定着してきている今日において，実務的には標準的な雛型が存在する。

　M&Aに慣れていない企業にありがちではあるが，通常の契約書と同様に，

法務部または顧問弁護士が細部に至るまでマークアップをしてしまい，プロセスについていけないということになることがある。そのため，M&A経験の豊富なアドバイザー，弁護士に相談し，必要以上に秘密保持契約の内容にこだわらなくてもよい。

3　秘密保持契約の主な内容

秘密保持契約は一般的に下記の条項から構成される。

【秘密保持契約における主な条項】

条　　項	概要・ポイント
秘密情報の定義	下記は秘密情報の範囲から外されるのが通常 ①開示時点において公知の情報 ②開示後，情報受領者の責めによることなく公知となった情報 ③第三者から秘密保持義務を課されることなく正当に取得した情報 ④情報受領者が独自に開発した情報
秘密保持義務の内容	目的外の使用禁止および第三者への開示の禁止が義務内容の中心となる
有効期間	一般的には1年から5年の間
損害等の賠償	秘密保持義務違反と相当因果関係のある直接的な財産損害に限定し，間接損害等は含まないと明記することもある
準拠法・管轄裁判所	クロスボーダー案件では第三国とすることもある

そのうち，主に留意が必要となるのは，下記2点である。

①　有効期間

守秘義務を課す側はできるだけ長期間，課される側はできるだけ短期間とすることを望むため議論になることが多い。業界における情報の陳腐化スピード等を勘案し，一般的には1年から5年程度の期間となる。

②　準拠法

例えば，相手が外国会社の場合，日本法を準拠法とし日本の裁判所にて判決が出たとしても，相手の所在国において日本の裁判所判決の執行が認められない場合があるため，執行可能性も考慮し準拠法を定める必要がある。

Q-18 基本合意書とは何か，記載事項と併せて教えてほしい。

A 基本合意書はLOI（Letter Of Intent）とも呼ばれ，M&Aの初期的な段階で買収価格や買収形態等の基本的条件を当事者間で合意した場合に，当該合意事項について文書化したものである。基本合意書は一般的には，取引の実行そのものには法的拘束力がなく相互に取引を実施する義務はないが，一定期間誠実協議を行う，または独占交渉とする，といった協議に関しては法的拘束力を持たせる建付とする。

1 基本合意書の役割

　基本合意書には，M&Aの初期的な段階において売り手・買い手双方にとって，基本的同意事項についての誤解をなくし，売り手と買い手の理解が同一であることを確認するという役割がある。なお，基本合意の前段階として，買い手から売り手に意向表明として買収の意思を示し，交渉に臨むことも行われる。

　基本的同意事項は下記記載の項目となるが，買収価格や買収形態は特に重要な事項となる。また，売り手・買い手双方にとっての譲れないポイントは案件の性質に応じて変わるものであるため，当該事項については基本合意の段階で明確にして，双方がそのポイントを受け入れられない場合にはそこで案件を中止することで，その後の手間と時間の浪費を回避する効果も期待できる。

　その他基本合意の役割としては，以下の点があげられる。

■取引の実施については相互に義務化はしないまでも，一定期間協議をすることについて義務化することにより，協議の環境を整えることができる

■上場企業の場合，基本合意書締結を適時開示することにより，取引の実施に事実上拘束性を持たせ（この点は後述），その後のDDを実施しやすい環境をつくることができる

- DD次第では買収価格が引き下げられるという条件つきの合意をするため，買い手にとっての買収価格の上限設定が可能となる
- 当事者がお互いに真剣にM&Aを進めていく意思が確認できることで，今後のDDにおいて協力が得られやすい
- スケジュール感の合意を明確化することができる
- 双方にとっての重要な論点を共有化でき最終契約までのDDにおける確認事項，交渉事項を明確化できる
- 売り手に対して指定期間内において他社と接触することを禁じることができる（独占的交渉権）

上記のような役割・利点に対して，基本合意書には，双方に一定の拘束性を生じさせるため，その後の案件の進め方に柔軟性を欠くといった懸念や，基本合意に時間と費用を過度にかけてしまうといった点，基本合意を締結した以上，案件を成立させることが前提になってしまうといった弊害もある。特に，基本合意を締結した時点で適時開示・プレスリリースをした場合などは，世間的に案件成立が所与となってしまうといった懸念もある。

2　基本合意書の主な記載事項

基本合意の役割，明確にしたい点を踏まえ，基本合意書には下記のような事項が記載される。ただし，記載事項については，案件に応じて都度判断される。

（通常記載される項目）

■法的拘束力の有無（拘束力を持たせる項目の特定）

■当事者名

■ストラクチャー　〜買収範囲，買収形態，株式の取得割合等

■買収価格

■買収価格の前提となった情報，DDにより修正の可能性がある旨

■支払い条件・手段　〜現金や株式，一括か分割支払いか

■スケジュール　〜DDの日程，時期，最終合意，クロージングなど

■Exclusivity（独占的交渉権）

■有効期限

（案件に応じて記載される項目）

■新会社の経営陣の構成，対象となる事業に属する従業員・役員の処遇

■クロージングの条件（許認可，偶発事項の結果など）

第３部
M&A実行プロセス

第**4**章

バリュエーション

　M&Aの実行プロセスとは，DD，相手方との交渉，サイニング，クロージングといった一連の行為のことであり，この中でのポイントの1つとなるのが，価格である。どうしてもほしいものであれば，高い金額を出せば買える，という考え方はあるが，M&Aの世界ではそうもいかない。高値づかみ，のれんの減損といった言葉を聞いたことがあるであろうか。高すぎる買い物はいずれ身を滅ぼす可能性を秘めている。買い手の立場でも売り手の立場でも，適切なバリュエーションが重要となる。

　本章では，M&Aにおける価値の意味や価値の算出方法，加えて買収価額の相場観について解説する。

Q-19　M&Aにおける「価値」の意味を教えてほしい。

A　M&Aでは，対象会社／事業等をいくらで買う（または売る）とい
う意思表示を行うことになるが，提示する価格の基礎となる「価値」
とは，企業価値，事業価値，非事業価値，株主価値の4通りのいずれかを意味
することに留意が必要となる。

　また，価値の分類を考えるうえでは，価値が生まれてくる収益の源泉の視点
と，その価値が誰に帰属するのかという視点が重要である。M&Aにおける価
値評価においては，どの価値を指して「価値」といっているかを明確にする必
要がある。

1　価値の意味

　M&Aにおいて，一般的に会社の価値は下記のように定義される。

(1)企業価値＝事業価値＋非事業価値

(2)企業価値＝株主価値＋有利子負債価値（債権者価値）

(1)は収益の源泉に着目した価値，(2)は価値の帰属者に着目した価値である。

①　収益源泉に着目した場合の価値

収益源泉に着目した場合の事業価値，非事業価値は下記と定義される。

■事業価値：事業から獲得する価値（運転資本，事業に使用している固定資
　　産等から生じる価値）

■非事業価値：非事業用資産負債から獲得する価値（事業に使用していない
　　遊休資産，有価証券，余剰現預金等の価値）

②　帰属者に着目した場合の価値

　帰属者に着目した場合には，その価値が，有利子負債を提供している債権者
に帰属するか，資本を提供している株主に帰属するかによって分類される。

【「価値」の意味】

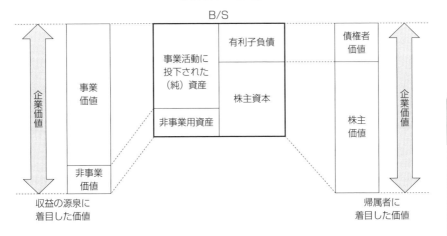

したがって，対象会社の株式を取得しようとした場合の価値は，次の算式で計算される。

株主価値＝事業価値＋非事業価値－有利子負債価値

なお，有利子負債から現預金を差し引いた値をネットデット（Net Debt），有利子負債よりも現預金が多い場合にはネットキャッシュ（Net Cash）と呼ばれる。

Net Debt＝有利子負債－現預金

上記のとおり，「価値」と一言でいった場合にはさまざまな意味があるため，「価値」を検討する場合や，売り手・買い手双方での価値についての協議の場においては，どの「価値」について議論を行うか明確にする必要がある。

2　FMV（Fair Market Value）の定義

FMVとは，支配関係のない独立した第三者間で協議・交渉のうえで成立する（仮想的な）価格のことを意味する。M&Aにおいては，対象会社に関するFMVをベースとして買収価格を決定するという点が双方の基本姿勢である。

Q-20　M&Aにおける「価値評価」の意味を教えてほしい。

A　M&Aにおいては，最終的に対象会社もしくは対象事業等をいくらで買う（または売る）という意思表示を行うことになる。そのためM&Aにおいて価格を算定する価値評価は，非常に重要な意味を持つ。最終契約書での文言の交渉にも時間が必要となるが，売り手買い手双方にとって，最終契約書での文言は潜在的なリスクに対する交渉であり，現時点ですぐにキャッシュに結びつく価格が重視されることに変わりはない。そこに至るまでの交渉も価格についての議論が中心となるため，価格を算定する価値評価は重要な意味を持つことになる。

1　FMVの考え方

　上場会社には株価があり1つの目安になるが，非上場会社には株価がない。後述する評価手法もさまざまあるが，ビジネスの見方は捉え方によって千差万別であり，それに応じて価格の捉え方も千差万別になる。

　買い手にとっても売り手にとっても，まずはこの価格を設定することが関心事となる。価格以外のリスク項目は定量化できないもの，もしくは定量化できても，リスク発現確率の高低などの解釈が買い手と売り手で異なることがありうる。そのため，客観的なものである価格が交渉のスタートであり，潜在的なリスク要因については価格とセットでの議論となる。

2　立場の違い

　価値評価には，立場の違い（買い手目線，売り手目線）が反映される。当然ではあるが，売り手はより高く，買い手はより安く買うことを志向する。

　売り手目線では，現有の会社／事業を持ち続けることで生み出される価値

（スタンドアロン価値またはセラーズバリュー）と売却価格とを比較することとなる。売り手としての下限価格（この価格を下回ったら売却しないという目線）もあり，事業撤退／清算も考えているのであれば会社を清算した場合の清算金額が下限となる。

買い手目線では，その会社／事業を買収した場合に，対象会社／事業が生み出す価値（スタンドアロン価値）およびシナジー価値を合わせた買い手の価値（バイヤーズバリュー）と買収価格を比較することが投資の判断基準となる。買い手としては，際限なく価格を出せば買収できる確率は高まるものの，上限価格（この価格を超えたら買収は行わないという目線）も想定すべきであり，買収後のシナジーを最大限考慮してもリターンが得られない場合や，買い手の資金調達の問題で上限価格が決まる場合もある。

この売り手・買い手の目線の着地点が，最終的に合意される価格となる。買い手としては，シナジーの一部を買収価格に織り込む（シナジー分配）ことで，売り手に対して案件の成立を促すことができる。

先方との交渉を考えるうえでは，立場による評価の違いがあり，先方がどのような価値評価を考えているかを勘案することが重要である。

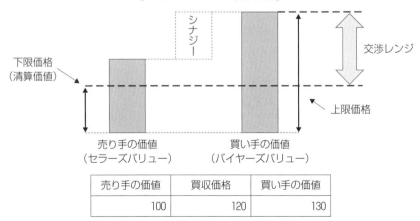

【立場の違いによる価値評価】

売り手の価値	買収価格	買い手の価値
100	120	130

上記のケースでは，買い手は売り手に対して，シナジー30（買い手の価値－売り手の価値）のうち，20のシナジーを分配し，案件を成立

Q-21　初期的な価値評価と最終的な価値評価の違いを教えてほしい。

A　　初期的な価値評価とは，IM，IPといった初期的情報，外部情報，一般公開情報といった限られた情報や対象会社に直接コンタクトできない状況で入手できる情報から，社内や売り手と価格目線を共有するための評価をいう。

　最終的な価値評価とは，初期的な価値評価の後，売り手や対象会社にコンタクトを行える状況になり，追加的に入手した情報やDDの実施により得られた結果を踏まえ，また売り手との交渉・競合との状況も踏まえて算定する価値となる。

1　初期的な価値評価

　初期的な価値評価は，DD実施前の限られた情報，対象会社にコンタクトできない中で行う評価であり，その他の入手できていない情報は一定の仮定を置いたうえでの評価を行うことになる。

　この段階では対象会社の情報が十分に得られていないため，売上・利益・EBITDAなどの業績に対する株価倍率（マルチプル）を参考にする方法や，業界慣行で一定目線があるような場合（1店舗いくら等）など，一般的な実務を踏まえたうえで価格を検討する必要がある。

　この時点での価格の算定の意義は，社内や売り手と価格目線を共有するために行われる。この段階で社内の了解を得られない場合や売り手との目線が乖離している場合には，案件からの撤退も考慮し，成立可能性のない案件に売り手・買い手双方の時間・コストをかけることを回避することが期待される。

　また，初期的価値評価は限定された情報での評価であり，仮に売り手に価格目線を提示する場合には，提示金額に法的拘束力を持たせないことが必要にな

る。

　売り手側の視点では，特に同業への売却の場合，営業機密上も本気度のない買い手もいるリスクを勘案し，開示情報は限定的にならざるをえない。その場合でも，最低限の目線を把握するため最低限の価格提示ができる初期的情報は開示する必要がある。

2　最終的な価値評価

　初期的意向表明をベースに，追加の情報を入手し，DDで判明した事項を織り込むことで最終的な価値評価を実施することとなる。

　得られた情報が同一であっても，受け手によって，事業計画の見方，前提条件をどう見るのか（楽観的，中立，保守的），シナジー効果をどこまで売り手と買い手で享受するのかのシナリオ別で価値評価が異なってくる。

　最終意向表明は法的拘束力があることを明記することが一般的であるため，社内において決裁権限のある機関の承認を得て表明する必要がある。

　また，提示する価格とともに，最終契約では売り手・買い手双方が負担するリスクや諸条件との比較考量も必要となる。表面的には高い価格を提示しつつも，最終契約では厳しい条件を突き付けて，リスクを加味すると実質的には競合よりも低い価格となるように設定することもある。事業価値を高く評価しつつも，対象会社が有する潜在的なリスクを有利子負債見合い（Debt like item）として多く見積もることで，株式価値を低くするといったケースもある。

　さらに，買収後のPPAや減損の判定において基礎となる事業計画も最終的な価値評価に際して勘案した事業計画となることから，最終での価値評価の結果から財務的なインパクトを勘案し，最終の投資判断の是非を検討する必要がある。

Q-22 フェアネス・オピニオンとは何か。通常の価値算定との違いを教えてほしい。

A 　　フェアネス・オピニオンは，M&Aの中でも，当事者の利害関係・取締役の善管注意義務が特に問題になりうるケースで，専門家から入手する客観的な第三者による（対象会社の株主にとっての）財務的な観点から見た価格の公正性に関する意見書をいう。通常の価値算定が価格決定のための参考資料に過ぎず，最終的な価格は当事者の責任で決定されるのに対して，フェアネス・オピニオンは当事者が合意した最終的な価格についての財務的見地から公正である旨の意見であることが違いである。

　フェアネス・オピニオンは，取得に法的義務があるものではなく，その効果も日本の実務としては必ずしも明確にはなっていないが，通常の価値算定より取締役の善管注意義務を果たせる効果が期待されていることから取得がなされることがある。

1　フェアネス・オピニオン

　フェアネス・オピニオンとは，一般に，専門性を有する独立した第三者評価機関が，M&A等の当事会社に対し，合意された取引条件の当事会社やその一般株主にとっての公正性について，財務的見地から意見を表明するものをいう[3]。

　必ずしもすべてのM&Aで必要となるものではなく，またフェアネス・オピニオンの取得は法律上義務づけられているものでもない。M&Aの価値算定を第三者から取得するケースは多くあるものの，フェアネス・オピニオンを取得するケースは限られている。

3　経済産業省「公正なM&Aの在り方に関する指針」2019年6月28日（以下，本Q内で「M&A指針」という），P.32。

2　フェアネス・オピニオンと価値算定

　法的義務のないフェアネス・オピニオンを取得するケースとしては，M&A指針が対象とする類型「構造的な利益相反の問題と情報の非対称性の問題が存在するMBOおよび支配株主による従属会社の買収」[4]や，実質的にこれらと同様の問題が存在する事案，規模の大きい事案で株主の関心が高く取締役の善管注意義務が特に問題となるものなどが想定される。一般に，第三者による株式価値評価算定書が取得されていれば，取締役としての善管注意義務は一定程度果たされていると考えられるが，「フェアネス・オピニオンは，第三者評価機関が意見形成主体となる点や，意見の対象が当事者間で合意された具体的な取引条件の対象会社の一般株主にとっての公正性であるという点において，株式価値算定書とは異なるものであり，対象会社の価値に関するより直接的で重要性の高い参考情報となり得るため，・・・より有効な機能を有しうるものと考えられる」，「国際的に活動する投資家も含めた一般株主に対する説明責任を果たすという観点からも，その有用性が指摘されている」[5]といった視点がある。

3　第三者の責任

　フェアネス・オピニオンを提出したFA等の第三者機関の責任は，あくまで依頼人との間での委任業務の債務不履行責任にとどまり，当事会社の株主に対する責任を負うものではないとされている。

　ただ，提出する第三者機関にとっても，公正性の意見表明となることで，価格提示にあたっては通常の価値算定よりも社内的に厳密な手続きを踏む必要が生じる点や，世間的により価格に注目が集まる事案での当事者間で合意された価格そのものについての意見表明となることから，慎重な検討を行うこととなる。そのため，第三者でかかる工数やリスクが通常の価値算定と比べて増加することから，当該第三者に払う報酬も多額になることが多い。

4　M&A指針P.3
5　M&A指針P.32より一部省略のうえ引用

Q-23　企業価値評価の手法および各評価手法の長所・短所を教えてほしい。

企業価値評価のアプローチは主に3種類に分けられる。

■収益基準（インカム・アプローチ）：評価対象から得られる将来の収益をもとにして評価を行う考え方

■市場基準（マーケット・アプローチ）：市場（株式市場，M&A市場）における取引価格をもとにして評価を行う考え方

■原価基準（コスト・アプローチ）：評価対象の再取得価格をもとにして評価を行う考え方

それぞれのアプローチを採用する際には，案件ごとにどの評価手法が最も適しているか，もしくはどの方法に重点を置くべきか，またそれぞれのアプローチの長所・短所を理解したうえで評価を実施する必要がある。

1　企業価値評価手法

一般的な企業価値評価手法[6]には下記がある。

【企業価値評価手法】

アプローチ	特徴	評価分析手法
収益基準 インカム・アプローチ	収益性の観点からみた評価	DCF法 収益還元法，APV法
市場基準 マーケット・アプローチ	市場における取引価格に基づいた評価	市場株価平均法（株式市価法） 類似会社比較法（株価倍率法） 類似取引事例法
原価基準 コスト・アプローチ	資産再調達価格に基づく評価	簿価純資産法 時価純資産法

6　市場株価平均法，簿価純資産法，時価純資産法は，厳密には株式価値評価手法である。

① インカム・アプローチ

インカム・アプローチとして，主にDCF法が用いられる。DCF法は企業買収等における企業評価の一手法としてしばしば用いられ，将来稼得されるCFを適切な割引率をもって，現在価値に引き直したうえで事業価値を導く手法である。

■同手法は，①継続企業を前提とした収益力に基づいた評価手法である，②過去の利益ではなく将来稼得されるCFに基づく事業価値の算定を可能にする，③投資に伴うリスク・ファクターを算定上考慮に入れることができる，という特長がある

■会計方針の違いによる影響を排除した将来CFに基づいて事業価値が算定される点でDCF法は優れており，適切に企業の価値を評価できる一方，その前提となる将来事業予測，割引率等の条件に評価結果が大きく依存するという欠点も有する

② マーケット・アプローチ

マーケット・アプローチには，主に市場株価平均法（株式市価法）と類似会社比較法（株価倍率法）がある。

■市場株価平均法（株式市価法）は，評価対象会社が上場企業である場合に当該対象会社の市場株価を用いる評価手法である

■類似会社比較法（株価倍率法）は，上場している同業他社の事業価値または株式時価総額と，純資産，当期純利益，経常利益，EBITDA，売上高等の倍率を比較することにより事業価値または株式価値を算定する評価手法である。株価倍率（マルチプル）は，客観的な指標に基づくため交渉相手に示す際の説明がしやすいという利点もある

■類似取引事例法は，類似のM&A取引の売買価格と対象会社の財務数値に基づいて評価する手法である

■類似会社比較法や類似取引事例法は，実際に売買されている株価や実際のM&Aの売買価格に基づくため，評価額の客観性が相対的に高いものの，事業内容，事業規模が評価対象会社と類似する上場会社や類似の取引事例

を選定することが困難な場合がある

③　コスト・アプローチ

コスト・アプローチは，B/Sに計上されている資産・負債を個別に評価して，その差額である純資産を株式価値として算定評価する手法であり，簿価純資産法と時価純資産法がある。

- ■一般的には，金融会社や不動産保有会社など，価値の源泉が主に保有する資産に依存する企業の価値や，企業の清算価値を算定することに適した評価手法である
- ■所有財産の個々の価値が客観的に入手可能な場合には，一定の客観性が得られる
- ■保有資産に収益を源泉とした時価がある場合を除き，原則として事業が将来生み出す価値が反映されない

上記のとおり，各手法には一長一短があることを理解したうえで，案件ごとに得られる情報や，将来予測の確実性，市場価格の有無，交渉相手との説明における説得可能性や，社内的な説明の場面に応じて，どの評価手法が最も適しているか，もしくはどの方法に重点を置くべきかを判断する必要がある。

また，いずれの手法を採用した場合でも，企業価値，事業価値，株式価値といったどの価値を算定しているのかに留意が必要となる。例えば，DCF法で事業からのCFをもとに事業価値を算定した場合には，非事業用資産の価値を別途加算して企業価値を算出し，有利子負債を控除して株式価値を算出することとなる。

M&Aコラム

M&Aの成功と失敗

　M&Aが成功したか失敗したかという話は，人生のある選択が成功したか失敗したかといった話に近い。買収後数年で判断すべきかそれとも10年単位で判断すべきか。人間万事塞翁が馬の例えにもあるとおり，今はうまく行っていると思っていても，それが未来永劫変わらないかどうかは誰にもわからない。

　月並みだが，1980年代後半に北米進出を企図したブリヂストンが約3,300億円で米ファイヤストン社を買収した事例では，買収直後の赤字で「失敗例」として語られた。90年代前半に損益が黒字転換したことをもって一転「成功事例」になり，2000年代初頭のリコール問題で再び「失敗事例」になった。しかし，今の同社の北米でのプレゼンスをみて，現時点でもこれを失敗事例だという人はいないだろう。一般に，上場企業は多額ののれん計上とその償却費，減損の可能性について敏感だ。これらは株価に大きな影響を与えるので当然といえる。この点，買収直後に大幅な減損が生じ損切り売却したような事例なら，そこで損失が確定してしまっているので失敗事例と判定してもいいかもしれない。一方，仮にいったんは減損しても買収者が「あきらめずに経営改善に努力している」事案では失敗と早計に判断するべきではなさそうである。

　ひところ，マスコミを中心に「日本企業は高値づかみが多い」「したがって失敗が多い」という論調をよく目にした。我々が現場でアドバイスを行っている感覚では，確かにそう見える案件はあるが，それは日本企業に限ったことではないように思われた。そのような問題意識から，当時2,000件近い事例について買収の株価プレミアムとEBITDA倍率を調査したことがあるが，結論としては当初の予想どおり，欧米の企業でも高値で買収している事例はむしろ割合的に日本企業よりも多く，特段日本企業が高値づかみが多いと断定するほどの根拠を見つけることはできなかった。多くの日本企業は意外に保守的であり，（良いアドバイザーとともに）M&Aを上手に実施して企業価値向上を実現させていると思う。いずれにしても，成功か失敗かを知りたければ，そのM&Aによって企業価値・株式価値が向上したかどうかが1つの基準となる。取引時点で割安に買えたか，割高に売れたか，によってまず最初の判定はできそうだ。もちろん対象事業について正しく価値評価が行われていることが前提となる。割安に買えたうえに買収した事業の経営がうまくいって，当初想定したようなシナジーが発現するなら，それは大成功とでもいうべきものだ。

Q-24　DCF法とはどのような計算方法か教えてほしい。

A　DCF（Discounted Cash Flow）法とは，対象会社が将来獲得すると予測されるCFを株主資本と有利子負債の加重平均コストで現在価値に割り引いて事業価値を算定する計算手法である。

1　計算方法

DCF法による企業価値評価は，以下の手順で行われる。

①　FCFの算定

FCF（Free Cash Flow）とは，企業が本業により生み出したCFであり，株主および債権者に対して自由に分配できるキャッシュを示している。

> FCF＝税引後営業利益＋減価償却費±運転資本の増減－設備投資

FCFは対象会社が本業からどれだけキャッシュを獲得したのかを示すため，資本構成の影響等を受けない営業利益から税金を控除した税引後営業利益が算定の基礎となる。そして，利益ベースの金額からCFベースの金額に変更するために以下の調整を行う。

(1)キャッシュアウトを伴わない費用である減価償却費を加算する。

(2)発生時に認識される収益・費用（利益ベース）と実際の収支（CFベース）の差額は運転資本の増減額に表れるため，同額を調整する。なお，運転資本は，一般的に以下のように算定される。

> 運転資本＝売上債権＋棚卸資産－仕入債務

(3)費用計上されないキャッシュアウトである設備投資額を減算する。

② WACCの算定

WACC（Weighted Average Cost of Capital）とは，株主の期待収益率（株主資本コスト）と債権者の期待収益率（負債コスト）の加重平均であり，DCF法では将来のFCFを現在価値に割り引くための割引率として使用される。

> WACC＝株主資本コスト[*1]×株式時価総額[*3]/（株式時価総額＋有利子負債の時価）[*4]＋負債コスト[*2]×（1－実効税率）×有利子負債の時価/（株式時価総額＋有利子負債の時価）

[*1] 株主資本コストは株主が対象会社に期待する収益率であり，株式市場全体の期待収益率に対象会社への投資リスク等を反映して算定される。

[*2] 負債コストは債権者が対象会社に期待する収益率であるが，便宜的に過去の有利子負債の調達コストが用いられることもある。

[*3] 株式時価総額については，対象会社の株価に自己株式数控除後の発行済株式数を乗じて算定する（対象会社が上場企業の場合）方法がある[7]。

[*4] 有利子負債の時価については，簿価と大きな差がないと考えられることから，実務上は簿価を用いるのが一般的である[8]。

③ 継続価値の算定

継続価値とは，対象会社の将来CF予測期間終了時以降のFCFの現在価値の合計である。継続価値の算定においては実務上，予測期間最終年度の毎期一定のFCFが発生する，または一定の成長率で増加する等の仮定が置かれることが多い。

> FCFが毎期一定：継続価値＝$\mathrm{FCF_n}$/WACC
> FCFが一定の割合で増加：継続価値＝$\mathrm{FCF_n}$×（1＋成長率）/（WACC－成長率）
> $\mathrm{FCF_n}$＝予測期間最終年度のFCF

④ 事業価値の算定

対象会社の本業から生み出される価値であり，予測期間のFCFおよび継続価値をWACCで割り引いた現在価値の合計で算定される。

7，8 実務上，対象会社の類似企業（上場企業）の株式時価総額および有利子負債の時価から想定される資本構成比率を算出することが多い。

> （予測期間が n 年）
> 事業価値＝$FCF_1/(1+WACC)+FCF_2/(1+WACC)^2+\cdots$
> 　　　　　$+FCF_{n-1}/(1+WACC)^{n-1}+FCF_n/(1+WACC)^n+$継続価値$/$
> 　　　　　$(1+WACC)^n$

⑤　企業価値の算定

　非事業用資産（事業の用に供していない遊休資産，有価証券，余剰現金等）は本業のCF創出に貢献しないと考えるため，FCFには当該非事業用資産から生み出される収益（受取家賃，受取配当金等）を含めない。そのため，企業価値算定の際には④で算定した事業価値に非事業用資産の時価を加算する。

⑥　株主価値の算定

　株主価値は⑤で算定した企業価値から債権者に帰属する価値（有利子負債の時価）を除いて算定する。なお，実務上は上記債権者に帰属する価値に加えて，デットライクアイテムの調整を行う。

2　デットライクアイテム

　デットライクアイテムとは，非経常的または営業外項目のため事業価値の算定に含まれていないが，将来のキャッシュアウトを伴うため，株主価値の算定上調整が必要な項目である。なお，何がデットライクアイテムに該当するかは画一的な基準がないため，対象会社の業態等に応じて検討を行うことが求められる。

　代表的なデットライクアイテムは，以下のとおりである。

■退職給付債務[9]，役員退職慰労金，未払残業代等の労働債務

■資産除去債務

■訴訟債務

■ファイナンスリース債務

　9　運転資本として取り扱う場合もある。

3 類似会社比較法との違い

　後述する類似会社比較法においても，事業価値算定後のフローはDCF法と同じである。両者は事業価値の算定上，将来CFを基礎とする（DCF法）のか，類似会社の比較倍率を基礎とする（類似会社比較法）のかで異なる。

【DCF法による企業価値評価】

前提条件
- 算定の対象期間は5年とする
- P/L計画は以下のとおりである

	1年目	2年目	3年目	4年目	5年目
営業利益	1,500	2,000	2,500	3,000	3,500
税引後営業利益	1,050	1,400	1,750	2,100	2,450
減価償却費	100	200	300	400	500

- B/S計画は以下のとおりである
- 運転資本は売掛金，商品，買掛金のみとする

	0年目	1年目	2年目	3年目	4年目	5年目
売掛金	1,000	1,200	1,400	1,600	1,800	2,000
商品	600	700	800	900	1,000	1,100
買掛金	700	800	900	1,000	1,100	1,200
運転資本	900	1,100	1,300	1,500	1,700	1,900

- 設備投資計画は以下のとおりである

	1年目	2年目	3年目	4年目	5年目
設備投資額	600	800	1,000	1,200	1,400

- WACC算定の基礎となる数値は以下のとおりである
株式時価総額：8,000
有利子負債の時価：2,000
株主資本コスト：8%
負債コスト：5%
実効税率：30%
- 計画期間後のFCF成長率は1%である
- 事業に直接供されていない資産として投資不動産（時価：4,000）が存在する
- 未払残業代（時価：3,000）が存在する
- 非事業用資産やデットライクアイテムの税効果は考慮しない

①FCFの算定

	1年目	2年目	3年目	4年目	5年目
税引後営業利益	1,050	1,400	1,750	2,100	2,450
減価償却費（＋）	100	200	300	400	500
運転資本増加額（－）	200	200	200	200	200
設備投資額（－）	600	800	1,000	1,200	1,400
FCF	350	600	850	1,100	1,350

②WACCの算定
WACC＝8%×8,000/(8,000+2,000)
　　　　+5%×（1−30%）×2,000/(8,000+2,000)
　　　　=7.1%→7%

③継続価値の算定
継続価値＝1,350×(1+1%)/(7%−1%)=22,725

④事業価値の算定

	FCF					継続価値
	1年目	2年目	3年目	4年目	5年目	
キャッシュフロー	350	600	850	1,100	1,350	22,725
現在価値	327	524	694	839	963	16,203

事業価値　19,549

⑤企業価値の算定
企業価値＝19,549+4,000=23,549

⑥株主価値の算定
株主価値＝23,549−(2,000+3,000)=18,549

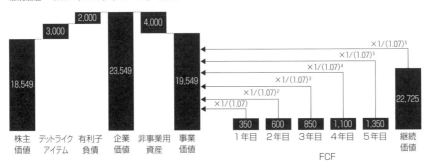

Q-25 類似会社比較法とはどのような計算方法か教えてほしい。

A 類似会社比較法とは，対象会社の類似上場会社の比較倍率（EBITDA
等の財務指標の株主価値または企業価値に対する倍率）を求め，対象
会社の同財務指標に当該比較倍率を乗じて企業価値，株主価値を算定する計算
手法である。

1 計算方法

　類似会社比較法による価値算定は，①類似上場会社の選定，②比較倍率の算
定，③企業価値または株主価値の算定の順で行われる。本項では，対象会社の
EBITDAを基に企業価値を算定する場合を例にして解説する。なお，企業価
値の算定後の株主価値の算定については，DCF法と内容が重複するため解説
を省略する。

① 類似上場会社の選定

　類似会社については評価対象会社と同業種を営んでいるかという点に限らず，
事業規模や取扱商品・サービスの類似性，企業のポジション（成長期なのか成
熟期なのか），事業戦略等の総合的な観点から選定を行う。ここで，「重要なこ
とは，上場会社が買収ターゲットと投資リスクおよび利回りの関係において類
似しているということである。言い換えれば，投資家の目から見た投資機会が
買収ターゲットと同じ上場会社を探し出すことが必要なのである。」[10]

② 比較倍率の算定

　手続①で選定した類似上場会社について，株価に自己株式控除後の発行済株
式数を乗じて時価総額を算出，有利子負債等価額を加算・非事業用資産価額を

　10　渡辺章博『M&Aのグローバル実務』中央経済社，2013年，P.106。

減算し，企業価値を求める。ただし，実務上は類似企業の非事業用資産は把握できないことが多く，非事業用資産を現預金等のみとして計算したものを企業価値と呼称して使うことが多い（本Q内はその呼称で統一）。比較倍率は当該企業価値をEBITDAで除したもので，実務では複数選択した類似上場会社各社の倍率の平均値や中央値などを用いる。

③ 企業価値の算定

対象会社のEBITDAに比較倍率を乗じて企業価値を算定する。

2 各比較倍率の特徴

比較倍率は，企業価値を算定するものと株主価値を直接算定するものとに分けられる。企業価値を算定する比較倍率としては，EBIT倍率，EBITDA倍率等があり，実務上は会計方針等による減価償却費の影響を排除したEBITDA倍率を利用する場合が多い。また，株主価値を直接算定する比較倍率としては，PERおよびPBR等がある。

【類似会社比較法による企業価値評価】

前提条件
対象会社のEBITDAは1,000である
比較倍率は，類似上場企業における「企業価値に対するEBITDA比率」の中央値を使用する

①類似上場会社の選定，②比較倍率の算定

類似上場会社	株価 a	株式数 b	株主価値 c=a*b	有利子負債 d	非事業用資産 e	企業価値 f=c+d−e	EBITDA g	比較倍率 f/g
A社	70	190	13,300	8,000	300	21,000	2,000	10.5
B社	170	80	13,600	4,000	1,000	16,600	1,000	16.6
C社	400	180	72,000	20,000	1,500	90,500	4,000	22.6
D社	200	90	18,000	9,000	2,500	24,500	2,500	9.8
E社	320	100	32,000	3,500	500	35,000	3,000	11.7
F社	50	400	20,000	3,000	2,000	21,000	2,500	8.4
G社	280	50	14,000	2,000	800	15,200	1,000	15.2
							中央値	11.7

③対象会社の企業価値の算定
企業価値＝EBITDA1,000×比較倍率11.7＝11,700

Q-26　純資産法とはどのような計算方法か教えてほしい。

A　純資産法とは，対象会社のB/Sに計上されている資産・負債の差額である純資産額を基礎として株主価値を算定する計算手法である。なお，実務上は買収価格算定目的だけでなく，買収後のB/Sの基礎としてのれんの算定に用いられるケースが多い。

1　計算方法

純資産法の計算方法は，対象会社の資産・負債の評価方法により簿価純資産法と時価純資産法（修正簿価純資産法）に分けられる。

①　簿価純資産法

対象会社の会計上の純資産の簿価で株主価値を評価する方法である。客観性に優れてはいるが，資産・負債の含み益，含み損を反映していないことから実務上利用されるケースは少ない。

②　時価純資産法（修正簿価純資産法）

対象会社の資産・負債を時価で評価し直した後の純資産額で株主価値を評価する方法である。各資産，負債を時価評価する方法としては，資産を再度調達したと考え再調達時の時価で評価を行う再調達時価純資産法と，資産の処分価額で評価を行う清算処分時価純資産法がある。新規の会社設立または事業開始に代えてM&Aを実施するという視点に立った場合には，再調達時価純資産法による評価が妥当であると考えられる。一方で，買収後に一部資産を処分するという視点に立った場合には，清算処分時価純資産法による評価が妥当であると考えられる。

2　時価純資産法における時価評価の留意点

貸借対照表上の資産・負債について，会計基準に基づく処理が適切に行われており，時価評価額と帳簿価額の差額に金額的重要性がない場合には実務上は帳簿価額を採用することが妥当であるとも考えられる。しかし，売掛金について貸倒引当金の設定基準が甘いまたは滞留在庫について評価損が計上されていないといったように，対象会社において適切な会計処理が行われていない場合には帳簿価額からの修正が必要となる。なお，各資産・負債について適切に会計処理が行われているか否かは，財務DDでの検出事項等が参考になる。

ただし，以下の資産・負債は一般的に価値評価において，時価評価を行う必要があると考えられるため，留意が必要である。

①　有形固定資産（土地）

取得原価にて評価されているため，時価評価をする必要がある。実務上は不動産鑑定評価，路線価，固定資産税評価額等に基づいて評価される。

②　有価証券

時価のある有価証券については，評価基準日の時価にて評価を行う。また，非上場株式で時価がない場合には，純資産額に持分比率を乗じる等の合理的な方法で評価を行う。

③　退職給付引当金

過去勤務費用，数理計算上の差異等で未認識のものについては，未認識債務として追加計上する必要がある。

④　未計上債務

財務DDの結果，係争事件や環境問題等に係る偶発債務で対象会社の貸借対照表上オフバランスになっているものを発見した場合には，計上を行う必要がある。

Q-27　価値評価にあたって，プレミアムやディスカウントを考慮する
ケースを教えてほしい。

A　概念的にはコントロールプレミアム（マイノリティディスカウン
ト）や非流動性ディスカウント，サイズ・プレミアムなどがあるが，
現実の算定実務で実際に使われることがあるのは非流動性ディスカウントまた
はサイズ・プレミアムであることが多い。

1　コントロールプレミアム（マイノリティディスカウント）

　支配的な割合の株式を保有する株主は，そうでない株主に比べて，会社の機
関における議決権などの共益権の観点でよりできることが多くなる。そのため，
支配的な地位にいる株主にとっての株式価値と，そうではない地位の株主に
とっての株式価値は異なるものと考え，算定された株価に対して支配的な株主
にとっての価値を算出する際にはプレミアムを加算し，非支配的な株主の場合
にはディスカウントを行う，という考え方がある。

　しかしながら，株主平等原則のもと，そもそも論として，仮に支配的な株主
が株価の向上に貢献した場合でも，その経済的な果実は当該株主のみが享受す
るものではなく，すべての株主に等しく及ぶので両者の間に経済的な差異は生
じない。結局のところ，このような考え方は概念的なものであり，算定の実務
として確立しているとはいいがたい。

　新聞報道などで公開買付取引におけるプレミアムをコントロールプレミアム
と呼ぶ向きもあるが，このプレミアムは単に買い手が合理的と考える買付価格
の市場株価等に対するプレミアムであって，厳密に「支配権に対する上乗せ
分」として計算されているわけではない。

2　非流動性ディスカウント／サイズ・プレミアム

　上場企業の株式は市場での換金・取得が容易である一方，非上場企業の株式は流通市場がないために前者との比較で換金・取得にあたって取引コストを追加的に要する。そのため，非上場企業の株式価値評価にあたって，算定された株価について流動性が欠如している分のディスカウントを行うべき，という考え方がある。

　実際，非上場企業の株価算定実務において，DCF法や類似会社比較法など上場企業の株価等のパラメータを利用した算定結果について，非流動性に起因したディスカウントを実施することがある。これとは別に，DCF法の算定実務において，評価対象企業の規模（時価総額）に応じてサイズ・プレミアムとして，特に規模が小さい企業の場合はリスク（ボラティリティ）が高いとして割引率に一定の上乗せを行う実務がある。

　なお，サイズ・プレミアム自体に非流動性ディスカウントの要素が含まれていると考えられており，サイズ・プレミアムと非流動性ディスカウントの両方を適用することは適切ではない。

Q-28　成熟企業，成長企業，新興企業等の成長ステージの違いによる企業価値の考え方を教えてほしい。

A　企業価値は，財務的な観点からみた場合，その企業が将来にわたって生み出すCFの総和の現在価値と定義される。したがって，例えば今の時点で年間10億円のCFを生んでいる会社が2社あったとしても将来のCFの成長の度合い，つまり企業の成長ステージによって，その2社の企業価値も大きく異なることとなる。なお，下記文中の株価倍率はあくまでも目安であるため，すべての企業に当てはまるわけではない点に留意する必要がある。

1　成熟企業

　成熟企業の場合でも，一定の競争力を有し将来的にも安定的なCFを生み出すことができれば，一般的にはEBITDAの5～7倍程度の企業価値が認められるケースが多い。ただし，装置産業の場合は，将来の更新投資等のキャッシュアウトがEBITDAでは反映されていないため，EBITDA倍率でいえば相対的に低くなる傾向がある。

　また，同じ成熟企業でも衰退期を迎えている企業の場合，収益力そのものが落ち込んでしまい，十分なEBITDAの創出ができていない場合もある。明らかに市場規模に比してプレーヤーの数が過剰な状態である場合，いわゆる公正価値（FMV）は決して高い価値とはならず，EBITDA倍率も5倍を下回るケースが多い。この場合，その事業の高い固定費体質が収益力を圧迫しているケースが多く，固定費の削減余力が十分にあり，買い手にとってはコストシナジーを生み出せる余地が見出すことができれば，買い手にとっての価値（バイヤーズバリュー）は，その公正価値を上回ることとなり，成熟産業における企業同士の統合や業界再編につながる。

　衰退期に近い成熟企業で装置産業の場合，企業価値がB/S上の総資本を下回

ることが多々ある。言い換えれば，当該事業のB/Sに使用価値との比較の観点から減損が発生しているということである。日本の上場企業でPBRが1倍を下回る株価がついている会社が多々あるが，過剰な設備がそれに見合うCFの創出につながっていない，または過去に蓄積された多額の資金が有効活用されないまま留保されていることがその主たる理由と考えられる。

成熟産業の企業価値算定にあたり適用される割引率は，国内企業であれば一般的には5〜10%が多い。

2　成長企業

成長企業の場合，現時点で生み出しているCFよりも3〜5年後により大きなCFを生み出すことが期待される。つまり，現時点で稼得されているEBITDAは，その企業が持つ本来の正常収益力に比してまだ過少であると判断されるため，直近実績のEBITDAの10倍を超える水準で企業価値が認められることもある。

また，成長企業といっても成長の要因がどこに見出されるのかによっても企業価値の見方は異なってくる。例えば，人口が減少する中で高齢化社会を迎える日本の国内市場で成長が見込まれる業種業態であるのか，あるいは優れた開発力・技術力，ブランド等を武器に海外に市場を広げることを成長ドライバーとするのか，といった違いである。

なお，今後成長が見込まれる海外市場に身を置く企業の企業価値算定にあたっては，一般的には10〜20%の割引率が適用されるケースが多い。

3　新興企業

新興企業の場合，事業のステージによって事業化されている度合が大きく異なる。米国シリコンバレーの事例を用いれば，新しいテクノロジーの開発ベンチャーの場合，初期段階の技術開発資金をベンチャーキャピタルから調達し，当該技術開発に一定の目途がついた段階でグーグルやフェイスブックといった大手企業が買収するというエコサイクルが出来上がっている。その際，大手企

業が支払うベンチャー企業の買収対価は，自社株式と現金の組み合わせが多い
が，まだベンチャー企業自体に利益が出ていない状態である場合も少なくない。
それにもかかわらず，数千億円から場合によっては数兆円という企業価値が認
められM&Aが成立することがある。

　新興企業の公正価値（FMV）としての企業価値の評価ほど難しいものはな
いが，言い方を換えれば，新興企業の企業価値はFMVよりもバイヤーズバ
リューの観点からどれだけの対価を支払うことができるのか，によって決まる
といってもいい。つまり，その新興企業が持つ新しいテクノロジー単独の評価
ではなく，そのテクノロジーを買い手である大手企業の事業インフラやネット
ワークに応用した場合に，どれだけの新しいサービスに結びつき，それによっ
てどれくらいの価値を創出できるのか，ひいてはそのテクノロジーを手に入れ
ることでどれだけライバル企業との差別化を図ることができるのか（競争相手
に買われた場合の自身へのネガティブインパクトを含む），といった要素であ
る。

　なお，米国ではITバブルの頃にまだ赤字企業である新興企業を評価する場
合，EBITDA以外の指標，例えば売上高や会員数といった事業規模に関連し
た指標をベースに企業価値を算定することもあったが，現在ではもっと定性的
な要素も含んだ多面的な観点からの評価で企業価値が算定されることが多い。
これは，ITバブルの頃はインターネットという新しいインフラが世界規模で
浸透していく事業環境であったのに対して，現在ではすでに浸透したインフラ
の上にどれくらいの価値を付加することができるのかという観点から，より将
来の事業計画が予測しやすい環境になったことも一因として考えられる。

　先進国におけるベンチャー企業の企業価値の算定にあたって適用される割引
率は，個別企業によって大きく異なるものの通常は15〜30%のレンジが多い。

第**5**章

スキームの検討

　M&Aにおいて，最も慎重を期すべき項目がスキームの検討である。株式取得や合併など一口にスキームといっても多種多様なものがあり，これらはすべて法務や会計・税務の取扱いが異なる。

　スキームの検討を怠ると，無用な手続きを増やすことや，法的リスク，税務リスクを抱えることになり，最悪の場合，案件の破談にもつながる。このようにスキームの検討にあたっては非常に慎重な判断を要することから，専門家を利用するケースも多い。

　本章では，すべてのスキームについて解説を加えることは紙面の都合上難しいが，選択すべきスキームについての考察，各スキームのポイントについて解説する。

Q-29　M&Aのスキームにはどのようなものがあるか教えてほしい。

A　　M&Aのスキームとして，株式譲渡，事業譲渡，会社分割，合併等があげられるが，これらのスキームは以下の4つの観点から整理することができる。

■M&Aの対象は会社（株式）か，事業（資産）か

■M&Aの対価は現金か，自社の株式か

■M&Aの対価を交付する（支払う）のは誰か

■M&Aの対価を受け取るのは誰か

【M&Aのスキーム】

買収対象	対価			スキーム
	種類	交付者（支払者）	受領者	
株式	現金	買収企業	対象会社の株主	株式譲渡 （現金対価株式交換）
		買収企業	対象会社	第三者割当増資
		対象会社	対象会社の株主	自己株式取得 （事前配当）
	株式	買収企業	対象会社の株主	株式交換 （株式交付）
		買収企業の完全親会社	対象会社の株主	三角株式交換
		買収企業の新設親会社	対象会社の株主 買収企業の株主	（共同）株式移転
事業	現金	買収企業	対象会社	事業譲渡 現金対価吸収分割 （会社分割＋株式譲渡）
		買収企業	対象会社の株主	現金対価吸収合併
	株式	買収企業	対象会社の株主	吸収合併
		買収企業の完全親会社	対象会社の株主	三角吸収合併

1　株式譲渡スキーム

　買収対象が対象会社の「株式」で，対価が現金，対価の交付者（支払者）が買収企業，そして対価の受領者が対象会社の株主となるスキームとして「株式譲渡」スキームを位置づけることができる。この株式譲渡と同様の構成要素からなるものとして，現金を対価とする株式交換がある。

　株式譲渡はあくまでも個別株主との相対取引であるのに対して，株式交換は買収企業が対象会社を完全子会社化する際における有効な1つの手法であるため，対象会社の株主数と買収後の資本関係（買収後も一部の既存株主に残存してもらうのか，完全子会社化するのか）の観点から使い分けることになる。

　なお，現金を対価とした対象会社の完全子会社化スキームとしては，現金対価株式交換スキームのほかに，全部取得条項付種類株式や株式併合を用いた手法がある。

【株式譲渡スキーム】

2　自己株式取得スキーム

　次に，買収対象が対象会社の「株式」，対価が現金，対価の受領者が対象会社の株主となるスキームで，対価の交付者（支払者）を買収企業ではなく対象会社自身とする「自己株式取得」スキームを紹介する。

　一般に，自己株式の取得は，ROEの向上や株主還元策として実施されているが，例えばA社とB社のジョイントベンチャー（JV）として組成されていた企業について，A社が当該JVを完全子会社化したい（B社が当該JVから抜けたい）という場合に，JVに蓄積された資金を有効活用し，JV自身が，B社が保有するJV株式を自己株式として取得することにより，結果としてA社の

第3部　M&A実行プロセス

完全子会社化を成し遂げることができる。

　自己株式の取得は，JVの配当財源の範囲内でしか実施できないという会社法上の制約があるが，売り手側の株主（上記の例ではB社）が税務上のメリット[11]を享受できることがあるため，株式譲渡の代替スキームとして検討されることが多い。

【自己株式取得スキーム】

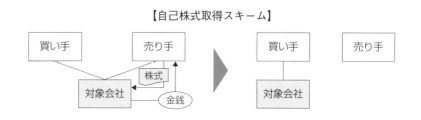

3　株式交換スキーム

　買収対象が対象会社の「株式」，対価の交付者（支払者）が買収企業，そして対価の受領者が対象会社の株主で，対価を買収企業の株式とするのが，「株式交換」スキームである。

　株式交換スキームの最大のメリットは，買収者が手元資金を取り崩したり，買収資金を借入等で調達する必要がなく，自社の株式を交付するいわゆるエクイティファイナンスの一形態としてM&Aを実施できることにある。ただし，株式交換の対価として新株を発行すると，いわゆる希薄化が起こることには十分留意する必要がある。希薄化防止のために，あらかじめ一定量の株式については現金を対価とした株式譲渡にて取得したり，すでに取得済の自己株式を株式交換の対価として活用することもしばしば行われる。ただし，株式交換は買収企業株式の100%取得が前提であるため，例えば自社株式を対価として過半数を取得することができない。

　なお，自社株式対価M&Aを後押しする制度として，令和3年3月に株式交付制度が創設され，買収者が自社株式を対価として買収企業を子会社化できる

11　自己株式の対価の内，JVの税務上の資本金等の額を超える部分はみなし配当となり，受取法人側で全部または一部が益金不算入となる

制度が整った（株式交付制度の詳細は，Q48参照）。

【株式交換スキーム】

4　事業譲渡スキーム

　買収対象が対象会社の一部の「事業」で，対価が現金，対価の交付者（支払者）が買収企業，そして対価の受領者が対象会社となるスキームの典型が「事業譲渡」スキームである。事業譲渡はその買収対象が株式ではないため，「資産買収」と表現されることも多い。

　Q38にて詳細に解説するが，事業譲渡スキームでは，資産や契約上の地位の移転手続を個別に実施する必要がある等実務が非常に煩雑となるため，資産買収の枠内でありながらも包括承継を可能とする会社分割スキームが採用されることが多い。事業譲渡と上記4つの構成要素がすべて同じスキームは「現金対価吸収分割」となるが，これとほぼ同じ効果が享受できるスキームとして，いったん売り手において対象事業を新設分割にて別会社化し，その新会社の株式を譲渡（買収）する「（新設）会社分割＋株式譲渡」スキームが用いられることもある。なお，会社分割スキームでは前述のとおり承継対象事業に係る契約関係を包括承継する必要があることから，現在の労働契約をそのまま引き継ぎたくない等の理由から，あえて事業譲渡スキームを選択する場合もある。

【事業譲渡スキーム】

5　吸収合併スキーム

　この他，対象会社の全部の「事業」を買収対象とするスキームとして「吸収合併」スキームがある。合併とは，被合併法人（対象会社）の全資産負債，偶発債務を含むすべての権利義務を包括的に承継するスキームであり，新日本製鉄（現：日本製鉄）と住友金属工業のような経営統合スキームとしても活用される。

　合併対価として，合併法人の株式を被合併法人の株主に割り当て交付する場合，被合併法人の旧株主は引き続き合併法人の株主として合併法人のガバナンスに関与することになるが，合併法人の規模に比して被合併法人の規模がかなり小さい場合は，被合併法人の旧株主によるガバナンスはほぼ排除され，経営統合というよりは合併法人による被合併法人の「買収」という色彩が強くなる。また，吸収合併の対価を「現金」とする場合は，まさしく合併法人による被合併法人の全事業（全資産）の買収と整理することができる。

【吸収合併スキーム】

6　三角組織再編スキーム

　事例はまだ多くないが，クロスボーダーM&Aの手法として，三角合併や三

角株式交換スキームが用いられることがある。

三角組織再編の「三角」とは，合併や株式交換の対価として，買収企業の完全親会社の株式を用いるところから名づけられたものであるが，買収企業がいったん自らの完全親会社の株式を取得し，その株式を対象会社の株主に対価として交付するものである。会社法上，合併や株式交換の当事者は日本法人である必要があるため，外国法人が日本法人を組織再編行為により完全買収する場合には，当該外国法人の完全子会社を日本に設立した後，当該日本法人に外国親法人の株式を持たせ，合併もしくは株式交換の対価として使用することになるわけである。シティグループによる日興コーディアルの完全子会社化や，破談となったものの東京エレクトロンとアプライドマテリアルの統合スキームとして活用されたことが知られている。

なお，国内M&Aにおいても三角組織再編スキームは使われており，三角株式交換の例としては，三菱化学による日本化成の完全子会社化やトヨタホームによるミサワホームの完全子会社化，三角合併の例としては，ポッカサッポロ（サッポロホールディングス100%子会社）によるポッカの吸収合併などがある。

【三角株式交換スキーム】

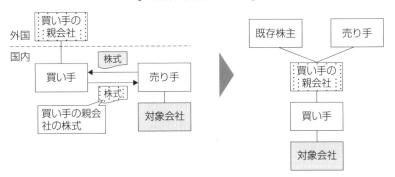

Q-30　スキームが違うとどのような影響があるか教えてほしい。

A　Q29で見たように，スキームが違うと買収対象・対価の種類・対価の交付者および受領者が異なる。逆にいえば，これらの要素の組み合わせによりスキームが選択されることになるが，実務上は，スキームの違いによって，会社法上の手続およびそれに基づくスケジュール，税務上の取扱い，その他関連法令に従った手続き等に影響があるため，これらも総合的に勘案してスキームが決定される。

1　会社法

　まず，各スキームにより当事者各々の承認機関が異なる。組織再編行為の場合，原則として株主総会決議が必要となるが，再編対象事業（会社）の規模や当事者の資本関係により，株主総会決議の省略が可能な場合があるため，検討しているスキーム実行時の承認機関が株主総会か取締役会かについて検討する必要がある。株主総会決議が必要な場合は，次の定時総会まで待つのか，一定のコストをかけても臨時総会を開催するのかによってスケジュールに大きく影響することを認識しておくべきである。

　また，組織再編行為においては，当事者各々の債権者が信用取引の基礎としている再編当事会社の財産基礎に影響を及ぼすことがあるため，一定の組織再編については債権者保護手続の実施が効力発生の要件となっている。例えば，株式を対価とする株式交換では，再編当事会社自体の財産が変動するものではないため，債権者保護手続は不要であるが，現金を対価とする株式交換では，完全親会社となる会社の現金が流出するため，完全親会社となる会社については債権者保護手続が求められている。債権者保護手続では，官報への公告に加え知れたる債権者への個別催告もしくは電子公告／時事に関する一般紙への公

告掲載を行い，最低1カ月間の異議申述期間を設定する必要があるため，スケジュール立案時には考慮が必要である。

2　税務

　M&Aは比較的大きな金額（評価額の資産）の移動を伴う取引のため，対象会社そしてその株主の課税関係には十分留意する必要がある。

- ■対象会社の資産が移動する場合，譲渡損益が実現するか否か
- ■対象会社の資産が移動しない場合でも，時価評価が必要か否か
- ■再編当事者各々が有する税務上の繰越欠損金の引継ぎや再編後の使用に制限が加えられるか否か
- ■再編当事者各々が有する含み損資産について，再編後の実現損の損金算入について制限を受けるか否か
- ■対象会社の株主が対価を受け取る場合，課税の繰延べが可能か否か
- ■対象会社の株主が受け取る対価は株式譲渡対価か（みなし）配当か
- ■不動産の移転が伴う場合の流通税の取扱いは？

　なお，M&Aの税務に関する取扱いの詳細はQ33およびQ34にて解説する。

3　その他関連法令

　その他，留意すべき法令として労働契約承継法がある。会社分割を採用する場合，原則として分割対象事業に係る労働契約も包括承継されるが，その範囲が必ずしも明確でなくリストラの手段とされる可能性もあることから，労働者への事前説明や異議申立手続等，労働者保護の観点からの手続きを行う必要がある。

　この他，合併等の株式を対価とする組織再編において，再編対価を受け取る側の上場企業株式の米国における実質的保有者が10%を超える場合は，たとえ日本国内企業同士の再編であっても，米国証券法に基づくファイリングを行う必要があることにも留意する必要があろう。

第3部　M&A実行プロセス

Q-31 買い手目線でのスキーム選択のポイントは何か教えてほしい。

A 買い手のニーズを一言でいうと，必要なモノ（人材，商圏および権利等のビジネス基盤）を，効率よくそして安くかつリスクを遮断しつつ取得することといえる。

　具体的に買い手側がスキームを選択する際の主な検討ポイントは下記のとおりであるが，各ポイント相互間のトレードオフ関係を理解し，ディールの目的から優先すべき事項は何か，またはどこまでのリスクは許容できるかなどについて検討したうえで，最終的なスキームを決定することとなる。

① スピード，取引の簡潔性

　買い手としては，シンプルかつスピーディにディールが進むに越したことはない。この観点からは，対象会社の株式の取得を通じて経営支配権を取得できる株式買収スキームが志向される。

② 簿外債務リスクの遮断／買収対象の特定

　もし，対象会社に簿外債務リスクが存在する場合，DDの実施や譲渡契約にて売り手の表明保証および特別損害賠償条項を盛り込むことにより可能な限りリスクを遮断することが考えられるが，簿外債務リスクを遮断するなら，対象会社の法人格を引き継がない資産買収スキームが検討されることになる。

　また，対象会社が複数の事業を営んでおり，そのうち一事業部門のみを買収対象としたいような場合においても，必要な資産・負債および契約上の地位のみを対象とする資産買収スキームが選択されることが多い。

③ 買収対価の種類

　買い手の財務ポジションにより，手元資金を使用したくないまたは借入での調達を抑制したい場合は株式対価スキーム，株式の希薄化を回避したい場合に

は現金対価スキームが志向されることとなる。また，税務上の適格再編にて対象会社を取得したい場合のスキームは，組織再編税制の規定に従い，株式を対価とするものに限定されることとなる。

④　**人事制度（労働条件）の取扱い**

買収後の労働条件の変更に対する従業員の同意が得られない場合は，包括承継スキーム（株式買収・合併・会社分割）よりも，個別承継スキーム（事業譲渡等）をベースに検討することとなる。後に詳しく見るが，資産買収スキームに位置づけられる会社分割については，別途，いわゆるリストラ目的での活用を抑制する趣旨から整備された労働契約承継法に服することに留意が必要である。

⑤　**税務メリットの享受**

Q34およびQ36にて解説するが，税務上の繰越欠損金の引継ぎが可能か，税務上ののれんは認識可能か，売り手の税務リスクの遮断は可能か，ターゲットが不動産を多く保有する事業の場合に不動産移転コストを最少にするにはなど，買い手は買収後のCFの最大化を目指し，税務メリットを最大限に享受できるスキームを検討する。

具体的なディールにおいては，以上の観点から見たメリット・デメリットを整理し，譲れないポイントを確認しつつ，その制約条件の中で効果の最大化を追求することになろう。

第3部　M＆A実行プロセス

Q-32　M&A実行にあたっての会計処理について教えてほしい。

A　M&A実行時は，原則としてパーチェス法（対象会社から受け入れる資産および負債の取得原価を，対価として交付する現金および株式等の時価とする方法）により会計処理を行う。そのポイントは，①受入資産・負債の評価（評価対象および評価方法），②のれんの会計処理である。

1　M&A実行時における会計処理の考え方

　M&A実行時における会計処理について，我が国の会計基準では「企業結合」という用語を用いて規定がなされている。

　ここで，「企業結合」とは，ある企業（または企業を構成する事業）と他の企業（または企業を構成する事業）が1つの報告単位に統合されることをいう。ここでいう「1つの報告単位に統合」には，個別F/Sにおける統合と連結F/Sにおける統合に大別できる。

　■個別F/Sにおける統合：合併，会社分割，事業譲渡　など
　■連結F/Sにおける統合：株式買収による子会社化

　企業結合の会計処理において主にポイントになるのは，①受入資産・負債の評価（評価対象および評価方法），②のれんの会計処理である。

2　企業結合の会計処理

　以下では，企業結合会計基準に基づいて，企業結合の具体的な会計処理の解説を行う。

①　企業結合の分類等

　会計基準上，企業結合は経済的実態に即して次頁の表のように分類され，それぞれの実態に応じて会計処理方法が定められている。

【企業結合の分類】

分類	小分類	概要	一般的な事例
取得 （広義）	取得 （狭義）	支配を新たに獲得する取引	株式取得（過半数） 吸収合併
	逆取得	株式を交付した企業と取得企業 が一致しない取引	消滅会社が取得企業 となる吸収合併
共同支配企業 の形成	共同支配企業 の形成	他の企業と共同かつ同等な条件 で支配を獲得する取引	JV設立
共通支配下の 取引等	共通支配下の 取引	既に支配下にある企業集団内で の取引	子会社同士の合併
	非支配株主 との取引	子会社の親会社以外の株主と， 親会社との取引	親会社による 子会社の株式交換

第3部

M&A実行プロセス

② 取得（狭義）の会計処理

　企業結合が「取得」に該当する場合，会計処理は「パーチェス法」によることになる。「パーチェス法」とは，対象会社から受け入れる資産および負債の取得原価を，対価として交付する現金および株式等の時価とする方法である。

　パーチェス法では，以下のプロセスで会計処理が行われる。

【「取得」の会計処理プロセス〈パーチェス法〉】

i 取得企業
の決定 ▶ ii 取得原価
（買収価格）
の決定 ▶ iii 取得原価
の配分
（PPA） ▶ iv のれんの
会計処理

i　取得企業の決定

　取得とされた企業結合においては，いずれかの結合当事企業を取得企業として決定する必要があり，その決定には「支配」を獲得した企業の特定が必要となる。支配の獲得は，意思決定機関（株主総会，取締役会等）を支配すれば，会社の事業活動を支配することが可能という考えに基づいて判断する（支配力基準，具体的な「支配」の判定基準は，Q40を参照）。

ii　取得原価（買収価格）の決定

　一般的な交換取引と整合を図るため，取得原価は支払対価の時価となる。

具体的には，現金の場合は支出額，現金以外の資産等は時価，取得企業の株式の場合で上場会社の場合は株価，非上場会社の場合は合理的に算定された価額で決定される。なお，取得時にかかったアドバイザーへの報酬等の費用については，発生した事業年度の費用として処理する。

　iii　取得原価の配分（PPA）

　取得原価が定まったら，次に受入資産・負債の価額を別途決定する必要があり，これを取得原価の配分（PPA）という。まず配分対象となるのは，企業結合日において対象会社が認識していなかった資産・負債も含めて，受け入れた資産および引き受けた負債のうち識別可能なものすべてである。次に配分金額であるが，原則として企業結合日における時価を基準に配分することとなる（詳細はQ69およびQ70参照）。

　iv　のれんの会計処理

　取得原価を配分した結果，取得原価と資産負債の時価との間に差額が生じた場合，のれんとして資産計上し，20年以内のその効果の及ぶ期間にわたって，定額法その他合理的な方法で規則的に償却する（金額に重要性が乏しい場合は，当該のれんが生じた事業年度の費用として処理も可能）。

　v　株式取得の設例

【設例】
・企業結合の対価は，現金60である
・上記とは別に，企業結合の際にアドバイザーに6の報酬を支払っている
・取得企業と被取得企業の企業結合直前のB/Sは，右記のとおりである

取得企業B/S

| 諸資産 300 | 諸負債 200 |
| | 純資産 100 |

被取得企業B/S

| 諸資産 100 （時価110） | 諸負債 70 |
| | 純資産 30 （時価40） |

＜個別上の処理＞

| Dr) 子会社株式*1 | 66 | Cr) 諸資産（現預金） | 66 |

＜連結上の処理＞
Step1　時価ベースでB/Sを単純合算する。
Step2　投資と純資産の相殺消去（下記仕訳）を行う。

Dr) 純資産	40	Cr) 子会社株式	66
のれん*2	20		
諸費用*3	6		

連結B/S

諸資産 344	諸負債 270
	純資産 94*4
のれん 20	

*1　株式の取得の際に生じた付随費用は，個別上は株式の取得原価に含めて処理する
*2　子会社株式60−時価純資産40
*3　*1の付随費用は，企業結合の取扱いとなる連結上は発生時の費用処理とすべく修正を行う
*4　親会社純資産100−諸費用6

Q-33 M&Aを実施するにあたり留意しなければならない税務上のポイントを教えてほしい。

A M&Aを実施するにあたっては，実行時における売り手・買い手各々の税負担の有無とその金額インパクトを確認するとともに，買収後のキャッシュフロー，ひいては買収価格やスキーム等の買収条件に影響を及ぼす買い手および対象会社の税務ポジションを事前に把握しておく必要がある。個々の事情や前提条件によって考慮すべき点は異なるが，下記に係る取扱いは特に留意すべきものとして論点になる場合が多い。

(1)　組織再編税制と繰越欠損金

(2)　税務上ののれん

(3)　グループ通算制度とグループ法人税制の影響

(4)　租税債務承継の有無

1　組織再編税制と繰越欠損金

　組織再編税制は，組織再編（合併・会社分割・現物出資・現物分配・株式交換等・株式移転）に伴う資産の移転を，原則として課税（譲渡損益課税）扱いとしつつ，一定の要件（税制適格要件）を満たす場合（適格組織再編）に限り課税の繰延べを認めている。また，比較的要件が緩和されている企業グループ内の適格組織再編を利用した租税回避行為を防止する観点から，そのような再編について繰越欠損金および資産の含み損の引継ぎ制限や利用制限規定を設けている。M&Aを実施するにあたっては，スキーム検討段階で，その行為が税務上の適格組織再編に該当するのか否か，対象会社または買い手自身が有する繰越欠損金や含み損の取扱いについて確認し，その税負担および税効果等を把握しておく必要がある。

2　税務上ののれん

　Q37で詳しく見ていくが，M&Aを実施する場合，買い手にとっては，税務上ののれん（資産調整勘定／差額負債調整勘定）が認識されるか否かにより，その損金（益金）算入による税効果を通じて買収後のキャッシュフローに大きく影響を及ぼす可能性があるため，税務上ののれんが認識されるスキームか否か，認識されるとして，どの程度の額となるのか，について事前に十分な検討を行う必要がある。

3　グループ通算制度とグループ法人税制の影響

　税務上，グループ法人の一体的運営の状況を踏まえ，実態に即した課税の実現を目的として「グループ通算制度」と「グループ法人税制」が設けられている。

　買い手がグループ通算制度の適用法人で，M&Aの実施により買い手と対象会社との間に新たに完全支配関係が生じる場合には，加入時の時価評価や繰越欠損金の切り捨て等による影響について詳細に把握する必要がある。逆に対象会社が売り手のグループ通算制度に属していた場合または（グループ通算制度を適用していない）売り手との間に完全支配関係を有していた場合は，M&Aの実施によりそれまでの完全支配関係が解消されるため，売り手におけるグループ通算制度からの離脱に伴う影響（投資簿価修正が譲渡損益に与える影響等），またはグループ法人税制により繰り延べられてきた損益の実現による影響について事前に確認しておく必要がある。

　また，事業承継案件等で，買い手である資本金5億円以上の大法人が税務上の中小企業者（期末における資本金1億円以下の法人）を買収し，対象会社と完全支配関係が生ずる場合，対象会社において従来享受していた中小企業向け特例措置の適用が受けられなくなり，買収後のキャッシュフローに悪影響を及ぼすことがあることにも留意したい。

中小企業向け特例措置（例）
- 法人税の軽減税率
- 特定同族会社の留保金課税の不適用措置
- 貸倒引当金の法定繰入率
- 交際費の損金不算入制度における定額控除制度
- 繰越欠損金の控除制限の不適用措置

特に，繰越欠損金の控除制限（2018年度以降，単年度所得の50％を限度）の不適用措置が受けられない場合には，買収後キャッシュフローへの影響が大きいため，留意が必要である。

4　租税債務承継の有無

組織再編スキームにより対象会社の税務リスクの引継に関する取扱いが異なるため，M&Aスキーム選定時には当該取扱いについても考慮する必要がある。

具体的に，吸収合併の場合は，対象会社の税務リスクはすべて買い手に引き継がれ，株式買収の場合においても，間接的にではあるが，対象会社の債務として引き継ぐこととなる。また，M&Aにより売り手のグループ通算制度を離脱する場合には，対象会社は売り手側のグループ通算制度離脱までの期間に成立した租税債務について連帯納付責任を負うこととなる。

他方，事業譲渡および会社分割の場合には，対象会社の納税義務は引き継がれないが，特殊関係者間取引や低廉譲渡の場合には，譲り受けた財産の価額を限度として第二次納税義務を負うこととなる。

「連帯納付責任」および「第二次納税義務」は，本来の納税義務者から租税を徴収することが困難な場合に，当該納税義務者と一定の関係にある第三者に納税義務を負わせる制度である。

なお，「連帯納付責任」とは，納税者が納付すべき租税について，連帯して納付する義務を負うことであり，「第二次納税義務」とは，納税者の財産につき滞納処分を執行してもなお徴収すべき租税に不足があると認められる場合，一定の要件を満たす第三者に対して補充的に納税義務を負わせるものである。

【スキーム別　買い手における租税債務の引継ぎ】

スキームの種類	租税債務	連帯納付責任	第二次納税義務
株式買収	○	○[1]	
吸収合併	○		
分割型分割		○[2]	○[3]
分社型分割			○[4]
事業譲渡			○[5]

1　対象会社がグループ通算制度に加入していた場合には，グループ通算制度離脱までの期間に成立した租税債務について連帯納付責任を負う。

2　分割の日前に納税義務が生じた租税債務について，分割法人から承継した財産の価額を限度として連帯納付責任を負う

3　会社分割が同族会社等の特殊関係者間で行われたり，低額譲渡に該当する場合には，分割承継法人は，承継した財産の価額を限度として第二次納税義務を負う

4　新設分社型分割では，分割承継法人は分割法人の特殊関係者に該当するため，譲受財産の価額を限度として第二次納税義務を負う。したがって，新設分社型分割により設立された法人の株式を買収する者は，分割法人の租税債務に係る第二次納税義務を負う分割承継法人の株式を取得することとなる。

5　事業譲渡が特殊関係者との間で行われる場合や低額譲渡に該当する場合には，譲受人は譲り受けた財産の価額を限度として第二次納税義務を負う

Q-34　税制適格要件について教えてほしい。

A　Q33のとおり，組織再編（合併・会社分割・現物出資・現物分配・株式交換等・株式移転）に関しては，原則課税取引である資産の移転について，一定の要件を満たす場合は，その資産の移転は形式のみで，実質的には継続して資産を保有しているものと考えることができるとして，課税の繰延べが認められている。

この一定の要件を「税制適格要件」といい，支配関係のない当事者間での再編について厳格な要件を課す一方，すでに支配関係のある当事者間での再編については一部の要件を緩和している。

なお，平成29年度税制改正により，スクイーズアウト（株式保有割合３分の２以上）による場合の金銭対価要件が緩和されている。

1　税制適格要件の概要

スクイーズアウトによる場合を除き，「金銭等の交付のないこと」を共通要件として，再編当事者間の支配関係の程度に応じて，その他の要件を課している。

2　税制適格要件の解説（例：合併の場合）

①　従業者引継要件

被合併法人の合併直前の従業者のうち，おおむね80％以上に相当する数の者が合併後に合併法人の業務に従事することが見込まれること。

②　事業継続（主要事業の引継ぎ）要件

被合併事業（被合併法人の合併前に営む主要な事業のうちのいずれかの事業）が合併法人で合併後も引き続き営まれる見込みであること。

【税制適格要件】（例：合併の場合）

金銭の交付	株式保有割合*1	その他の要件
なし	100%	―
なし*2	50%超	①従業者引継要件 ②事業継続（主要事業の引継）要件
なし	50%以下	上記①～②のほか ③事業関連性要件 ④事業規模要件又は経営参画要件 ⑤株式継続保有要件

＊1　基本的に，再編前後において当該株式保有割合の継続見込みが求められている（親子合併の場合を除く）

＊2　合併法人が被合併法人の発行済株式の3分の2以上を直接有する場合には，その他の株主に対して金銭を交付することが認められている

③　事業関連性要件

被合併事業と合併事業（合併法人の合併前に営む事業のうちいずれかの事業）とが相互に関連するものであること。

④　事業規模要件または経営参画要件

被合併事業及び合併事業のそれぞれの売上金額，従業者数，資本金額等の事業規模の割合がおおむね5倍を超えないこと，または合併前の被合併法人の特定役員[12]のいずれかと合併法人の特定役員のいずれかとが合併後の合併法人の特定役員になることが見込まれること。

⑤　株式継続保有要件

被合併法人の発行済株式総数の50%超を保有する株主およびその子会社が，合併により交付を受けた合併法人株式の全部を継続して保有することが見込まれること。

12　特定役員とは，「社長，副社長，代表取締役，専務取締役，常務取締役又はこれらに準ずる者で法人の経営に従事している者」をいう

Q-35 グループ通算制度とグループ法人税制について教えてほしい。

A 実質的に一体的運営がなされている企業グループについて，課税上もその一体性に着目して取り扱う制度として，グループ通算制度およびグループ法人税制があるが，その取扱いには違いがある。

　グループ通算制度は，企業グループ内の各法人を納税単位とし，各法人が個別に課税所得金額等の計算は行うこととしつつ，同時に企業グループをあたかも一つの法人であるかのように捉え，損益通算時の調整を行う制度であるが，その適用を受けるためには課税当局に対して承認申請を行う必要がある。

　一方で，グループ法人税制は，単体納税を基礎としつつ，グループ間の一定の取引に係る譲渡損益の繰延べや寄附・受贈益に係る特別な取扱いを定めたものであり，完全支配関係のある法人間の取引について強制適用される。

1　適用対象範囲

　グループ通算制度およびグループ法人税制は，完全支配関係のあるグループを適用対象とするが，両者の適用範囲は微妙に異なることに留意する必要がある。法令上，完全支配関係とは，一の者が，法人の発行済株式等の全部を直接若しくは間接に保有する関係（当事者間の完全支配関係）又は一の者との間に当事者間の完全支配関係がある法人相互の関係（法人税法第2条12の7の6）と定義され，100％グループ内の法人はすべて対象となるが，グループ通算制度では，外国法人や他の法人による完全支配関係がある内国法人は通算親法人となれる法人から除外されており，また間接保有についても，外国法人等通算子法人となれない法人による保有は除外される。

　一方で，グループ法人税制は個人（とその特殊関係にある者を含む）や外国法人を頂点とする場合も適用されるため，グループ法人税制における完全支配

関係のほうが対象範囲が広いといえる。

【完全支配関係の例】

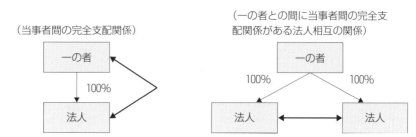

（当事者間の完全支配関係）

（一の者との間に当事者間の完全支配関係がある法人相互の関係）

2　グループ通算制度

　従来の連結納税制度に代わり，令和4年（2022年）4月1日以降に開始する事業年度からグループ通算制度が導入されることとなった。グループ通算制度は，グループ内の課税所得と欠損を通算できる（＝損益通算）という連結納税制度の特徴を基本的に引き継ぎつつも，制度の簡素化による事務負担軽減を主な目的の1つとしていることから，制度開始後も従前と同じ単体納税を継続させることで連結納税に比べて事務負担の軽減が図られる制度設計となっている。

　また，連結納税制度特有の制度開始時／加入時の時価評価および繰越欠損金の持込み／切捨ての規定について，グループ通算制度では規定の大枠は踏襲しつつも，具体的な要件等については組織再編税制と足並みを揃えた規定に変更されている。

①　親法人の欠損金

　制度開始時の親法人の繰越欠損金について，連結納税制度では，連結欠損金として連結グループ内の所得と通算できるのに対して，グループ通算制度では，子法人と同様に，特定欠損金として親法人単体の課税所得の範囲内でしか通算できなくなる。

②　時価評価課税・欠損金の持込み等

　グループ通算制度では，制度加入時における時価評価課税／繰越欠損金の切捨ての対象が緩和され，連結納税制度の下では適用対象となっている現金によ

る100%株式取得のケースについて，適格組織再編の共同事業要件（50%以下
の再編，Q34参照）に類似した要件を満たすことで対象外とすることが可能と
なる。

　なお，グループ通算制度は連結納税制度と同じく法人税のみに適用される制
度であるため，住民税および事業税については損益通算は認められておらず，
繰越欠損金も切り捨てられない点には留意が必要である。

3　グループ法人税制

グループ法人税制における主な個別規定は以下のとおり。
- ■資産の譲渡損益の繰延べ
- ■寄附金の損金不算入および受贈益の益金不算入
- ■子会社の清算と繰越欠損金の引継ぎ
- ■発行法人への株式譲渡に係る譲渡損益不計上
- ■中小企業の優遇税制の不適用

Q-36　繰越欠損金について教えてほしい。

A　欠損金とは，単年度の課税所得のマイナス分であり，その発生年度の翌期以降で繰越期限切れとなるまでの期間（「繰越期間」という）に課税所得が生じた場合には，一定の限度額（「控除限度額」という）まで当該課税所得と相殺することができることとされている。

M&Aを実施するにあたって，対象会社が有する繰越欠損金は，将来の税負担を減少させるものであるため，買収価格に影響を及ぼす可能性があるほか，スキームによっては，対象会社の繰越欠損金の引継ぎや，買収会社の繰越欠損金の使用が制限されることもあるため，税務上重要な検討項目である。

1　繰越期間と控除限度額

①　繰越期間

繰越欠損金は，発生事業年度の翌事業年度以降の課税所得から控除することができるが，2018年度以降に発生した欠損金の繰越期間は10年間（2017年度以前の発生分は9年間）とされている。

②　控除限度額

繰越欠損金の控除限度額は，中小法人（期末の資本金の額が1億円以下の法人）に該当するかどうかにより異なる。中小法人以外の場合は，控除限度額は単年度所得の50%までに制限されている。

一方，中小法人の場合は，控除限度額は設けられておらず，課税所得の全額までの控除が可能となっている。ただし，中小法人であっても，大法人（資本金が5億円以上の法人）との間に完全支配関係がある等の場合には，控除限度額は単年度所得の50%に制限される点に留意が必要である。

2 適格合併による繰越欠損金の引継ぎ

　組織再編税制における「適格合併」に該当する場合には，一定の要件を満たすことにより被合併法人の繰越欠損金を引き継ぐことができる。

　しかしながら，適格合併の際に無制限で繰越欠損金の引継ぎを認めると繰越欠損金を有する会社を外部から株式買収し，その後グループ内再編にて適格合併することで，安易に租税回避を図ることができるため，グループ内の適格合併の場合には，グループ化前の繰越欠損金の引継ぎが制限の対象となっている。繰越欠損金の引継ぎに係る判定については，下記のフローチャートを参照。

【適格合併と繰越欠損金の引継ぎ】

適格合併の種類	持株割合	繰越欠損金の引継制限の有無
グループ内再編	100%	有
	50%超100%未満	
共同事業再編	50%以下	無

【繰越欠損金の引継ぎに係る判定フロー】

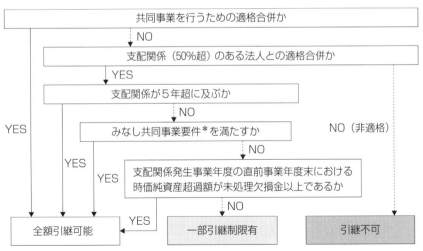

＊共同事業要件に準ずるが，詳細については本書では割愛する。

Q-37　会計上ののれんと税務上ののれんの違いを教えてほしい。

A　M&A会計では，一定のグループ内再編を除いて，原則として対象会社から受け入れる資産および負債は，対象会社で認識していなかったものを含めて時価にて受け入れ，再編対価（取得原価）と受入時価純資産との差額がのれん（または負ののれん）として認識される。

　日本の企業結合会計では，のれんは20年以内の一定期間での償却が求められているが，IFRSでは日本基準のような定期償却が求められず，対象会社の価値が大きく下がった際にだけ減損損失を計上すればよいため，近年M&Aを積極展開する企業を中心にIFRSの採用事例が増加している。

　このように，M&Aにおける「のれん」について，定期償却の要否，日本基準を採用している場合にはその償却期間，そして減損の要否に係る議論が多く見受けられるが，これはすべて「会計上ののれん」に関する議論である。

　M&Aに係るのれんの検討に際しては，その採用するスキームにて「税務上ののれん」も認識されるか否か，言い換えれば「のれんの償却費」が税務上の損金となるか否かという点についても検討する必要がある。

　M&Aの買い手側で「税務上ののれん」が認識される（のれん償却費が損金算入できる）場合は，買い手側のCFがその税効果分だけ向上するため，M&Aに際しては，税務上ののれんに係る税効果を売り手と買い手の間でいかにシェアするか，ということが1つの大きな交渉ポイントとなる。

1　税務上ののれん（資産調整勘定／差額負債調整勘定）

　税務上ののれんは，資産買収スキームで移転資産が時価承継される場合（事業譲渡や税制非適格分割／合併）に，税務上の時価ベースの移転純資産と再編対価との差額（資産調整勘定／差額負債調整勘定）として認識される。一方，

株式譲渡では，買い手は「株式」という資産を時価で取得するだけであり，資産調整勘定／差額負債調整勘定は認識されない。これは，税務が単体納税を基礎としており，会計のような連結手続（子会社株式取得原価の受入資産への配分）を行わないためである。なお，税務においても連結納税制度が導入されているが，その仕組みは連結会計とは大きく異なり，単体納税を基礎として，所得の通算や一定の資産譲渡取引に係る損益の繰延べ等が行われるのみであり，連結納税手続において資産調整勘定／差額負債調整勘定が認識されることはない。

　資産調整勘定／差額負債調整勘定は，損金経理の有無にかかわらず，原則として5年間にわたり月割で均等に減額され，損金（益金）に算入される。

2　会計上ののれん

　前述のとおり，会計上ののれんは，企業結合会計基準に従い，原則としてパーチェス法が適用される場合に限り，取得原価と受入時価純資産の差額（配分残余）として認識される。したがって，株式取得スキームであっても，連結手続きを通じてのれんが認識されることになる。

3　両者の関係

　のれんに関する会計上そして税務上の取扱いは，M&Aを検討する際に必須の論点となっているが，「会計上ののれん」と「税務上ののれん」は似て非なるものであり，その認識の可否，認識方法，計上金額，償却（減額）期間に係る両者の取扱いは大きく異なることに留意する必要がある。

Q-38　株式買収と資産買収の違いを教えてほしい。

Q29で見たとおり，M&Aのスキームは，買収対象の観点から，対象会社の株式を買収対象とするスキームと，対象会社の（全部または一部の）事業（資産）を買収対象とするスキームに分けることができる。一般に，前者は株式買収（ストックディール），後者は資産買収（アセットディール）と呼ばれることが多い。

1　株式買収（ストックディール）

　株式買収では，対象会社の法人格自体を取得するため，原則として，その法人が所有する資産や許認可，契約上の地位等をあますことなくすべて手に入れることができる。したがって，同様に税務上のポジション（繰越欠損金や将来加算減算一時差異）も，休眠会社の買収等一定の例外を除いてそのまま引き継ぐこととなる。一方で，法人格自体を取得することから，対象会社の過去の事業活動に起因する損害賠償リスク等の偶発債務も包括的に引き継ぐこととなる。

2　資産買収（アセットディール）

　資産買収の典型スキームである事業譲渡では，対象会社の特定の事業に帰属する資産や負債，そして取引先との契約や従業員との雇用契約について，買い手が必要とするものを個別に特定して引き継ぐことができるため，不要な取引関係や偶発債務リスクを遮断することができる。

　一方で，譲渡対象資産の所有権移転手続きや取引先との契約上の地位の承継手続きについても同様に個別対応が必要となるため，事務手続きが煩雑かつ時間を要することが実務上のネックとなることがしばしばある。

　また，資産買収では対象会社の法人格は承継しないため，法人格に紐付く許

認可や税務上の繰越欠損金については承継できないことにも留意が必要である。

株式買収と資産買収（事業譲渡）との主な相違点は下表のとおり。

【株式買収と資産買収の主な相違点】

		株式買収	資産買収（事業譲渡）
手続の煩雑性		簡便	煩雑 ・個別契約の移転（個別承継） ・許認可の再取得
許認可		手続不要（原則）	再取得
買収対象の特定		特定不可	特定可能
簿外債務		引き継ぐ	（原則として）遮断可能
税務上ののれん		認識不可	認識可（⇒5年間で損金算入）
譲渡側課税	譲渡損益課税	個人：分離課税（20.315%） 法人：実効税率で課税（約30%）	被買収法人にて譲渡損益課税⇒ 実効税率で課税（約30%）
	配当課税	−	個人：総合課税（最高税率55.945% →【配当控除適用後】49.44%） 法人：受取配当金益金不算入（持株 比率により益金不算入割合変動）
繰越欠損金の取扱い		（原則）そのまま残存	譲受法人への引継ぎは不可
承継資産簿価のステップアップ*1		不可	承継資産の時価が譲渡法人の簿価を 上回る場合，ステップアップ可能
不動産流通税	不動産取得税	無し	土地：4%*2 建物：4%
	登録免許税	無し	土地：2%*3 建物：2%

*1 税務上の簿価を時価まで上昇させること
*2 令和6年3月までは，土地および建物（住宅）につき3%（宅地等の場合，課税標準額は1/2に減額）
*3 令和5年3月までは，課税標準（固定資産税評価額）の1.5%

Q-39 会社分割を組み合わせた株式買収と事業譲渡との違いを教えてほしい。

A 　Q38で見たとおり，資産買収の典型スキームである事業譲渡は，手続きが煩雑で時間を要するというデメリットがあるが，このデメリットを解消するものとして，「会社分割＋株式譲渡」スキームが活用されることが多い。

1　会社分割＋株式譲渡スキーム

　このスキームでは，まず会社分割にて買収対象事業に係る資産および負債，契約上の地位を新設会社に包括承継し，その後，その新設会社の株式を相手方に譲渡することで，実質的に事業譲渡と同じ効果を得つつ，手続きも効率よく進めることが可能となる。ただし，会社分割では許認可を承継できず再取得となる場合が多いことには注意が必要である。

【各スキームの比較】

	株式譲渡	事業譲渡	会社分割＋株式譲渡
手続の煩雑性	簡便	煩雑（個別承継）	包括承継（比較的簡便）
許認可	手続不要（原則）	再取得	再取得（原則）
買収対象の特定	不可	特定可能	一定程度特定可能
簿外債務	引き継ぐ	（原則）遮断可能	対象事業に内在する簿外債務は引き継ぐ

2　会社分割＋株式譲渡スキームの税務

　M&Aに係る税務上の取扱いは，株式譲渡の税制，事業譲渡の税制および会社分割の税制というように各スキームの取扱いが用意されているのではなく，Q29で見た各スキームの構成要素の観点から整理されている。M&Aの対象と

なるのは株式か事業か，対価は現金か自社の株式かなどの観点である。

「事業」をM&Aの対象とし，対価として「現金」を支払うスキームの典型は事業譲渡であるが，「会社分割＋株式譲渡」も，「事業」をM&Aの対象とし，交付される対価が「現金」である点で共通している。このため，２つのスキームに係る税務上の取扱い（主に法人税）は非常に類似するものとなっている。

【各スキームの税務上の取扱い】

	株式譲渡	事業譲渡	会社分割＋株式譲渡
譲渡損益課税(個人)	分離課税（20.135%）	—	
譲渡損益課税(法人)	法人税課税(約30%)	法人税課税(約30%)	
配当課税（個人）	—	総合課税（最高税率55.945%→【配当控除適用後】49.44%）	
配当課税（法人）	—	受取配当金益金不算入 （持株比率により益金不算入割合変動）	
繰越欠損金	そのまま残存	譲受法人への引継ぎ不可	
税務上ののれん	不可	認識可（⇒５年間で損金算入）	

一方，製造業や店舗ビジネス等相応の事業用資産を要する事業の買収事案では，事業譲渡と会社分割＋株式譲渡で，消費税の取扱いや不動産流通税負担に大きな差異が生ずるため，後者のスキームが選択されることが多い。

【消費税や不動産流通税に関する違い】

	株式譲渡	事業譲渡	会社分割＋株式譲渡
消費税	課税対象外	課税取引	課税対象外
登録免許税	無し	土地：2%*1 建物：2%	2%（土地・建物とも）
不動産取得税	無し	土地：4%*2 建物：4%	一定の要件を充足した場合は非課税 （充足しない場合は，同左）

＊1　令和５年３月までは，課税標準（固定資産税評価額）の1.5%
＊2　令和６年３月までは，土地および建物（住宅）につき3%（宅地等の場合，課税標準額は1/2に減額）

Q-40　株式出資に際して持株比率の違いによる影響を教えてほしい。

A　持株比率別の主な株主権利，会計および税務上の取扱いは下表のとおりである。なお，種類株式は無く，持株比率と議決権割合は同じとする。

【持株比率別の株主権利と会計・税務上の取扱い】

持株比率	株主権利（会社法）	会計	税務
100%			グループ通算制度（任意適用） グループ法人税制（強制適用） 受取配当金全額益金不算入
9/10以上	特別支配株主の株式等売渡請求		
	略式組織再編における総会決議省略		
2/3以上	株主総会特別決議の決定権		
過半数	株主総会普通決議の決定権	連結適用＊2	組織再編税制のグループ判定
1/3超	株主総会拒否権（特別決議阻止）		受取配当金益金不算入割合：100%（ただし，負債利子控除有り）
1/4以上	相互保有株式に該当		外国子会社配当益金不算入の適用
1/5以上		持分法適用＊2	
1/6超	簡易組織再編への反対権		
5/100超			受取配当金益金不算入割合：50%
3/100以上	株主総会招集請求権		

	会計帳簿閲覧請求権		
1/100以上*1	株主提案権		

*1 もしくは300個以上。
*2 具体的には，支配力基準及び影響力基準により判定。

1 会社法の主な株主権利

　会社法では，議決権の保有割合に応じて株主総会の決議要件や株主提案権等の少数株主の権利を定めている。M&Aを検討する際には，単独で株主総会の特別決議もしくは普通決議を可決するために，各々議決権の3分の2以上もしくは過半数を取得することが検討される。一方で，マイノリティ出資のケースでは，単独で株主総会の特別決議の成立を阻止できる3分の1超を取得することができるか否かにより，対象会社の経営に対する影響力に大きな差が生ずる。なお，他の会社の議決権の4分の1以上を保有する場合には，他の会社が有する当該会社（自社）の株式は相互保有株式に該当し，議決権が停止することが案外見落とされがちであるため注意したい。

2 会計上の取扱い

　会計上，連結の範囲もしくは持分法適用対象範囲の判定は，議決権保有割合と議決権割合以外の要素を加味した支配力・影響力基準により行われる。

① 連結の範囲（下記要件を充足した会社は原則として連結子会社に該当）

⑴議決権の過半数を所有	
⑵議決権の40%以上，50%以下を所有しており，かつ，次のいずれかの要件を充足	
a	自己，緊密な者*1，同意している者*2の議決権を合わせて，議決権の過半数を所有
b	役員，従業員またはこれらであった者が，取締役会等の過半数を支配
c	重要な財務および営業または事業の方針の決定を支配する契約等が存在
d	負債計上されている資金調達額の過半について融資，債務保証，担保の提供を実施
e	その他意思決定機関を支配していることが推測される事実が存在 ✓ 重要な方針を決定するにあたり，株主の承認を得ることとなっている場合 ✓ 株主が重要な経営支援を行っている場合

(3)自己の議決権は40%未満だが，緊密な者および同意している者の議決権とを合わせて，過半数を占めている企業，かつ，上記(2)のbからeまでのいずれかの要件に該当する企業

＊1　自己と出資，人事，資金，技術，取引等において緊密な関係があることにより自己の意思と同一の内容の議決権を行使すると認められる者（関連会社，自己の役員，役員が支配している会社等）

＊2　契約や合意等により自己と同一内容の議決権行使に同意している者

②　持分法適用範囲（下記要件を充足した会社は持分法適用関連会社に該当）

(1)議決権の20%以上を所有	
(2)議決権の15%以上，20%未満を所有しており，かつ，次のいずれかの要件を充足	
a	役員，従業員またはこれらであった者が取締役に就任
b	重要な融資，重要な技術の提供，重要な営業上の取引を実施
c	重要な影響を与えることが推測される事実が存在
(3)自己の議決権は15%未満だが，緊密な者および同意している者の議決権とを合わせて，20%以上を占めている企業，かつ，上記(2)aからcまでのいずれかの要件に該当する企業	

3　税務上の取扱い

　税務上は，受取配当金の取扱い，組織再編税制の適格要件におけるグループ概念，そしてグループ通算制度の適用可否等，さまざまな制度の適用基準として持株比率が用いられている。

①　受取配当金益金不算入制度

　内国法人が他の内国法人から（課税済利益を原資とする）剰余金の配当を受け取る場合に，法人税の二重課税排除の観点から設けられている「受取配当金益金不算入制度」においては，次表のとおり，持株比率と保有期間に応じて益金不算入割合が規定されている。

　なお，外国法人からの受取配当金については，内国法人からの受取配当に係る益金不算入制度とは別に，持株比率1／4以上（配当支払義務確定日以前6カ月間継続保有）の法人を「外国子会社」とし，外国子会社からの受取配当金の95％相当額を益金不算入とする取扱いとなっている。

【受取配当金益金不算入制度】

区 分	持株比率等	益金不算入割合
完全子法人株式等	100%（配当計算期間を通じて継続保有）	配当×100%
関連法人株式等	1/3超100%未満 （配当の基準日以前6カ月間継続保有）	(配当－負債利子) ×100%
その他の株式等	5/100超1/3以下（基準日時点）	配当×50%
非支配目的株式等	5/100以下（基準日時点）	配当×20%

② **組織再編税制**

　組織再編税制では，再編直前時点での完全支配関係もしくは支配関係の有無および再編後での継続見込みに応じて，税制適格要件が加重されるほか，支配関係が生じた日からの経過年数に応じて，繰越欠損金の引継ぎや使用制限，含み損資産の再編後の損金算入制限等が規定されている。

③ **グループ通算制度／グループ法人税制**

　グループ内法人の課税所得を通算するグループ通算制度，課税所得の通算は行わないが，グループ通算制度と同様にグループ法人間の一定の譲渡損益について繰延べ措置が設けられているグループ法人税制ともに，原則として完全支配関係のある会社が適用対象となっているが，グループ通算制度は任意適用であるのに対して，グループ法人税制は強制適用である点，また会計上の連結の範囲とは大きく異なる点については理解しておく必要がある。

4　その他

　その他，保有割合等の一定の要件（詳細はQ65参照）を満たした場合には，競争法上の届出が必要となり，株式を取得できない期間が発生するため，全体スケジュールの策定においては，これらの期間を考慮する必要がある。

　また，上場企業等のTOBにあたってはその取得比率に応じて規制がなされる（詳細はQ42参照）。

第3部　M&A実行プロセス

Q-41　株式譲渡と第三者割当増資の違いによる影響を教えてほしい。

A　M&Aにて対象会社の株式の一定割合を取得する場合，資金の払い先を，売り手（対象会社の株主）とする場合と対象会社自身とする場合がある。

　前者は通常の株式譲渡で，売り手株主が投下資本を回収することができるExitスキーム，後者は第三者割当増資により対象会社に真水の資金が払い込まれる対象会社のエクイティファイナンスと整理することができる。

1　必要資金

　株式譲渡と第三者割当増資のいずれのスキームを選択するかは，既存株主（売り手）および対象会社における資金ニーズの有無が1つのポイントであるが，第三者割当増資とする場合は，既存株主の持株数が不変のため，実質的な買い手（増資引き受け者）が目指す持株割合の達成に要する資金量が株式譲渡と比して多額となることに留意する必要がある。

　例えば，発行済株式10,000株（評価額@10万円）の会社の51%を取得する場合，第三者割当増資により必要となる資金は株式譲渡の約2倍程度となる。

(1)株式譲渡スキーム

　@10万円×10,000株×51%＝5.1億円

(2)第三者割当増資スキーム

　$x \div (10{,}000株 + x) = 51\%$　⇒　$x \fallingdotseq 10{,}408株$

　@10万円×10,408株＝10.408億円

2　価格

　株式譲渡は相対取引となるため，基本的に譲渡価額は当事者間の合意により

決定すればよいが，第三者割当増資の場合は既存株主の持分が希薄化するため，公正な価格で実施する必要がある。第三者割当増資の発行価額が既存株式の時価を大きく割り込む公正な価格といえない価額，すなわち「特に有利な発行価額[13]」となる場合は，株主総会の特別決議が必要となる。

3　対象会社における会計処理

　株式譲渡は株主間の取引であるため，対象会社自身にて会計処理は不要であるが，第三者割当増資の場合は対象会社に資金の払い込みが行われるため，資本金（および資本準備金）が増加する。その結果，対象会社が会社法上の大会社になったり，税務上の中小法人の要件から外れることがあることに留意する必要がある。

　なお，対象会社が保有する自己株式を処分する際は，資本金の額に変動はない。

4　その他（対象会社が上場企業の場合）

　株式譲渡の場合はTOB規制への抵触可能性，第三者割当増資の場合は，金融商品取引法上や取引所規則による開示義務について確認する必要がある。

13　法令上明確に示されていないが，おおむね時価の10〜15％程度以上下回る水準と考えられている

Q-42　TOBとは何か教えてほしい。

A　TOB（Take Over Bid）とは公開買付のことであり，上場企業等（有価証券報告書提出会社）の買収の際に，不特定多数の株主から公告により買付の申込みを勧誘して市場外で株式を買い集める方法である。公開買付は，買付価格，買付株数，買付期間などを定めて実施される。

1　株式譲渡の方法

　株式譲渡には以下の方法があるが，上場企業を買収（支配）する場合には，TOBが必要となる。

【株式譲渡の方法】

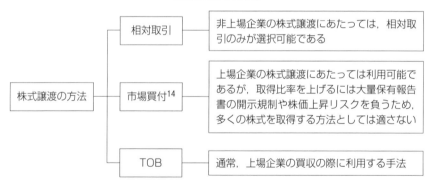

2　TOBの意義

　TOBのメリットとデメリットとしては，以下のような点があげられる。

14　なお，株価を乱高下させる要因になりかねない大口取引等に対応するため，市場の立会時間外にToSTNet等を通じて相対取引を行う市場内時間外取引による株式譲渡の方法もある。

(1) メリット

■買収に必要な総資金額を事前に予測可能

■取得予定株数に申込株数が達しなかった場合には買付をしないことが可能

(2) デメリット

■各種手続きがあり煩雑

■公開買付代理人への手数料や公告費用などのコストが発生

3　TOBが必要なケース

　金融商品取引法においては，上場企業等の株式の取得比率に応じて，以下のようにTOBが必要となる取引事由が規定されている。

【TOBの対象となる取引事由】

買付後の所有割合	取引事由
2/3以上	3分の2基準 株券等所有割合が2/3以上となるものはTOBが必要で，かつ全部勧誘義務および全部買付義務（発行者のすべての種類の株券等の所有者に対して勧誘を行い，応募のあったすべての株券等を決済する義務）が課される
50%超	買付前に，すでに株券等所有割合が50%を超えており，かつ買付後の所有割合が3分の2未満である場合には，著しく少数のもの*からの買付の場合を除いてTOBが必要
1/3超	3分の1ルール 株券等所有割合が1/3超となるものはTOBが必要 急速な買付 3か月以内に，買付等または新規発行取得により合計10%超の株券等の取得を行い，そのうち5%超を市場外取引等によって取得した場合であって，当該取得後の株券等所有割合が1/3超となる場合はTOBが必要
5%〜1/3以下	5%基準 株券等所有割合が5%超となるもの（著しく少数のものからの買付等を除く）はTOBが必要
5%未満	不要

＊60日間に10人以下

4 TOBの留意点

① 買付数量

TOBでは，応募数の多寡を問わず，応募のあった株券等の全部を買い取ることが大原則である。ただし，あらかじめ公開買付開始公告を行うことで，以下のように買付数の下限と上限を設定することが可能である。

- ■下限：応募のあった株式等の数が，一定の数（下限）に満たない場合は，全部の買付等を行わない
- ■上限：応募のあった株式等の数が，一定の数（上限）を超える場合は，その超える部分の全部または一部の買付等を行わない（ただし，買付後の株券等所有割合が2/3以上となる場合には，全部買付義務があるため，上限の設定はできない）

② 買付価格

TOBに応募する株主等を公平，平等に取り扱うことを求めるため，TOBの買付価格については，均一の条件によらなければならないと定められている。

通常は現在の株価よりも高い株価を提示しなければ株式を集めることができないため，プレミアムを上乗せして買付価格を提示するのが一般的である。

一方で，市場株価よりも買付価格を低く設定するディスカウントTOBということも実務上はありうる。上場会社の支配株主が，発行済み株式数の1/3超の株式を譲渡し，経営権を手放したい場合，買い手によるTOBが必須となるが，TOB価格にプレミアムを乗せると，一般の少数株主が応募してくる可能性があるため，これを排除するため，ディスカウントTOBを実施するのである。

③ 非公開化，MBOへの利用

TOBは上場子会社の非公開化や，自社のMBOにおいて用いられるケースがある。TOB後に少数株主のスクイーズアウトを実施する場合，平成26年会社法改正（平成27年5月1日施行）後は，主として金銭交付型株式交換，全部取得条項付種類株式，株式併合，株式等売渡請求を用いる手法が考えられる。

④ 公正なM&A指針

MBOや支配株主による従属会社の買収などは，利益相反の問題により，取

締役が会社・株主の利益のために行動することを当然には期待できないことや，買収者と一般株主との間に情報の非対称性が存在するなどの課題がある。これらの課題提起を前提として，望ましいM&Aか否かは，企業価値を向上させるか否かを基準に判断されるべき，また公正な手続を通じてM&Aを行うことにより一般株主が享受すべき利益を確保すべきとの原則に立ち，経済産業省は2019年6月に，従来の「企業価値の向上及び公正な手続確保のための経営者による企業買収（MBO）に関する指針」を全面改訂し，「公正なM&Aの在り方に関する指針－企業価値の向上と株主利益の確保に向けて－」が策定された。

　特に上場会社に対するMBOや支配株主による上場従属会社の買収などの類型の場合（ただしこれらに限らない）にはTOBが活用されることが多いが，その際には上記指針に沿った公正性担保措置が講じられるべきと考えられている。

【公正性担保措置】

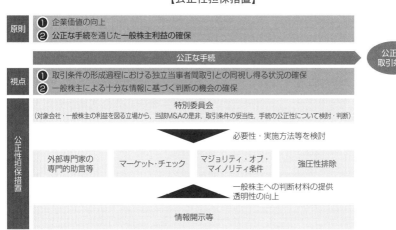

Q-43　買収対価として株式を利用する意義と留意点を教えてほしい。

A　M&Aを実施する場合に，買収対価として，買い手の株式を利用することにより，買い手の資金負担を抑制できる他，売り手にもM&A後の経営に継続して関与してもらうことができる。

1　株式を対価とすることの意義

買い手の株式を対価とする場合，買い手の資金負担が抑制できること以外に，主に以下の意義がある。

①　売り手への株式価値向上の恩恵シェア

買収後の対象会社の株式価値が向上した場合に，売り手がその恩恵の一部を享受できるようにすることで，シナジーを含むアップサイドの共有を図ることができる。例えば，買い手と売り手の間で今後の事業計画の見方にギャップがある場合に，買収後，売り手の考える事業計画が達成できた際には，買い手の株式価値の向上を通して，実質的に買収資金を上乗せしたのと同じ効果を得ることが可能となる。

②　買収後の経営参画へのコミットメント

売り手が引き続き対象会社の事業に関与する場合に，売り手を買い手の株主にすることで，対象会社の株式価値向上に対してコミットメントを持たせることができる。

2　株式を対価とする場合の留意事項

買収対価として株式を選択する場合に，以下の点に留意する必要がある。

①　買い手の既存株主の希薄化

新規株式発行，自己株式の処分いずれであっても，買い手の既存株主の議決

権比率は希薄化することになる。したがって，希薄化することに対して，既存株主を十分に説得できるだけの説明や既存株主との事前調整が必要となる。

② 価格変動リスク

株式はアップサイドが期待できるが，同時にダウンサイドリスクも負っている。株式価値が下落した場合には売り手は当初想定していた経済効果を得られなくなることがあるため，売り手が価格変動リスクを許容できるか否かは重要となる。

③ 換金可能性

仮に買収後に買い手の株式価値が向上しても，売り手が最終的にその価値をどのように現金化するのかという問題がある。買い手が上場会社であれば，市場で株式を売却することが可能であるが，非上場会社の場合は現金化は容易ではない。したがって，一定期間後に合意した価格計算方法で買い手が売り手から買い受ける等，売り手に対して最終的な現金化の方法を示す必要がある。

Q-44　M&Aとファイナンスとの関連を教えてほしい。

A　　外部からの資金調達を活用して買収を行う場合，資金調達手段としてデット・エクイティ・メザニンという選択肢があるが，それぞれの特徴を踏まえて決定する必要がある。また，資金調達を前提とするとディールの実行可能性にも影響を与えることから，SPA締結時にも留意すべき事項が生じる。

1　調達種別によるファイナンスの分類

　一般的に，外部からの資金調達手段としては以下の3パターンの方法がある。

　①　デットファイナンス（ローン，社債）

　金融機関からのローンや普通社債の発行等による資金調達手法であり，毎期一定の利息支払と元本返済が必要となる。調達により負債が増加することで，自己資本比率が悪化するため，調達にあたっては財務面での安定性を考慮する必要がある。

　なお，社債には金銭による償還に代えて株式を発行する新株予約権付社債や他の債権に比して弁済順位を劣後させ，その分利息を高く設定する劣後債等，商品設計によって多様なパターンが存在し，その商品設計によりデットファイナンス以外に分類されることもある。

　②　エクイティファイナンス

　新株の発行や新株予約権付社債（CB）[15]の発行等による資金調達手段であり，その性質はデットファイナンスとは対極で，調達資金の返済義務はなく，また

15　新株予約権付社債は株式に転換されるまでは株主資本は増加せず，普通社債と同様にデットとしての性質を有しているが，一般的にエクイティファイナンスとして分類される

調達により株主資本が増加することで，財務安定性が向上するという特徴を有する。一方で，株式が希薄化するため，その影響の十分な検討とともに，既存株主への説明が必要になる。

エクイティファイナンスはデットファイナンスと異なり利息支払や元本返済義務はないものの，資本コストがかかることに留意が必要である。株式発行時の手数料や配当金のみが資本コストと誤解されることも多いが，投資家である株主は配当金および株式価値の向上によるキャピタルゲインを期待して株式の引受に応じている。増資に対する買い手のリターンが投資家の期待収益を下回る場合，株主への説明責任を問われる可能性があるため，投資評価にあたってはこれらの期待収益を資本コストとして考えなくてはいけない。

③ メザニンファイナンス

メザニンファイナンスとは，デットファイナンスとエクイティファイナンスの中間に位置する資金調達手段であり，代表的なものとしては劣後ローン，劣後社債，優先株式の発行等があり，優先株式には議決権はないことが一般的である。メザニンファイナンスは，デットファイナンスでは信用力が不足し調達することができない場合で，エクイティファイナンスによる株式の希薄化を回避したい場合に活用されている。なお，調達コストはデットファイナンスに比べて資金の出し手がリスクを負うことになるため，コストは高くなるが，エクイティファイナンスの資本コストに比べると低いという性質を有している。

【資金調達手段の比較】

	主な形態	返済方法	返済期限	コスト	経営関与
デット	銀行ローン	約定弁済あり	短	低	債権者としてモニタリング
メザニン	劣後ローン優先株式	期限一括	中	中	投資家としてモニタリング
エクイティ	普通株式	返済義務なし	無	高	株主として権利行使

2　レバレッジ効果による投資収益率（IRR）の向上

　デットが増加することを嫌う経営者も多いが，買収資金の調達にあたりデットを活用することで，内部収益率（IRR）を高めることが可能となる。小さい投資金額（自己資本）でリターンを増大させる効果をてこの原理になぞらえて，レバレッジ効果（Leverage：てこ）と呼ばれる。まずは，下記設例をご覧いただきたい。

【資金調達を変更した場合のIRRへの影響】

（前提条件）

買収金額	1,000			
配当/年	100	3年後売却価格	1,000	
銀行ローン利率	2%	銀行ローン返済	3年均等	

パターン① 全額自己資金

自己資金	1,000
銀行ローン	0

	Y0	Y1	Y2	Y3
投資額	(1,000)			
銀行ローン	0	0	0	0
支払利息		0	0	0
受取配当金		100	100	100
株式売却収入				1,000
CF合計	(1,000)	100	100	1,100

IRR	10%

パターン② 買収資金の一部を銀行ローンで調達

自己資金	400
銀行ローン	600

	Y0	Y1	Y2	Y3
投資額	(1,000)			
銀行ローン	600	(200)	(200)	(200)
支払利息		(12)	(8)	(4)
受取配当金		100	100	100
株式売却収入				1,000
CF合計	(400)	(112)	(108)	896

IRR	16%

　上記のとおり，同じリターンであってもデット（銀行ローン）を活用することでIRRは改善することになる。これは投資全体のリターン（1,000の買収金額に対して毎期100の配当＝10%）に比べ，負債コスト（銀行ローン利率＝2%）のほうが低く，デットで調達している6割部分のリターンについては，一部がデット提供者に分配されるが，負債コストを上回る分が買い手に帰属するためである。

3　資金調達とSPAとの関係

　外部からの資金調達を前提とする場合に，SPAにおいて，当該資金調達が成功しなかった場合には買い手がクロージングの義務を負わないとする，Financing Out条項を設けるケースがある。買い手にとって，資金調達ができない場合には，買収資金を用意できないため，Financing Out条項は必要な条項といえる。一方で，売り手にとっては，譲渡契約を締結しても，買い手の資金調達次第でクローズできない可能性があり，売却に不確実性が伴うことになるため，売り手は当該条項を設けることを嫌がるケースも多い。

　そのため，Financing Out条項を設ける場合には，金融機関等による融資の準備があることを証する書面（コミットメントレター）の取得を求められることや，Financing Out条項によりディールがクローズしない場合には，買い手が売り手に対して一定の違約金を支払うBreakup Fee条項を求められることもある。

Q-45　LBOスキームとはどのような手法か教えてほしい。

A　LBOとは，Leveraged Buy Outの略で，買収対象会社の資産やCFを担保に金融機関からローンを調達し，相対的に少ない出資額で買収を行うことができるM&A手法である。LBOで調達するデットはLBOローンと呼ばれ，通常企業が銀行から調達しているいわゆるコーポレートローンとは契約条件が異なる。

1　LBOのスキーム

　買収資金の資金調達というと，通常は買い手が自らの信用力をもとに資金調達する方法を想像する方が多いであろう。しかし，買収対象会社の資産や将来CFを担保に資金調達する「LBOスキーム」と呼ばれる手法がある。

　LBOスキームでの買収は，一般的には以下の流れで行われる。

(1)買い手が買収用SPCを設立し，買い手の投資額分をSPCに出資

(2)SPCにて金融機関やメザニンファンド等から資金を調達

(3)SPCが売り手に譲渡代金を支払い対象会社の株式を取得

【LBOスキームの概念図】

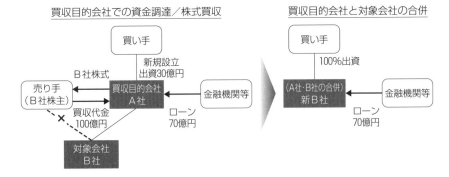

(4) SPCと対象会社を合併

(4)の手続きを経ることにより，SPCで調達したデットが対象会社のデットになる（合併前においても，対象会社はSPCのデットに対して連帯保証を負うことになるため，実質的には対象会社のローンになる）。

2　LBOスキームのメリット・デメリット

LBOスキームは，基本的にノンリコースであることを前提としているため，万が一対象会社の返済が滞っても買い手に対して遡求されず，買い手の投資リスクは限定的となる。一方で，買収リスクの一部を金融機関に負担させることになるため，LBOローンの借入条件は通常のコーポレートローンよりも厳しくなる。また，最終的に対象会社がデットの返済義務を負うことになるため，売り手および対象会社が心理的に嫌がる可能性も否定できない。

LBOスキームの主なメリット・デメリットは以下のとおり。

(1) メリット

- 買い手は少ない自己資金でM&Aを実施可能
- ノンリコースのため買い手のリスクは出資額に限定
- レバレッジ効果による内部収益率（IRR）の向上
- タックスメリットの享受

(2) デメリット

- 自社で借り入れるよりも高い借入コスト，厳しい借入条件
- コベナンツが多く課され銀行からの監視が厳しくなり積極投資が難しくなる

また，LBOローンの特徴として以下があげられる。

■対象会社のほぼ全資産に対して担保設定がなされる

■買い手の有する対象会社株式に対して担保設定がなされる

■キャッシュウォーターフォール（資金の充当順位）が決まっており，配当等による買い手への資金還元はLBOローンを完済した後になる

Q-46　MBOが実行される背景を教えてほしい。

A　　MBOとは"Management Buy out"の略で，経営者が自らの経営する会社や事業部門を買収する取引であり，LBOスキームが一般的に用いられる。上場維持コストの削減，株価の長時間にわたる低迷，事業構造の変化，敵対的買収の防衛等を背景に，近年，MBOの活用が増えている。また近年では，上場会社がMBOにより非公開化するケースも増加してきている。

【上場企業のMBO件数推移】

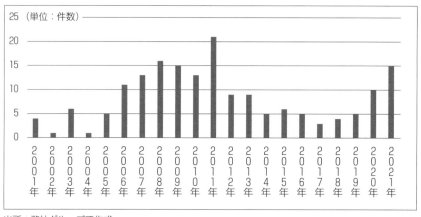

出所：弊社グループで作成

1　MBOが実行される背景

①　経営の独立性確保

株主からの短期的利益追求の圧力や親会社の経営方針に振り回されることがなくなり，長期的な視点に立った経営が可能となる。

② 意思決定の迅速化

少数，かつ目的意識が一致した株主のみになるため株主総会が簡略化され，また上場企業が非公開化を伴ってMBOを実施する場合には，開示規制等を考慮する必要がなくなるため，意思決定を迅速に行える。

③ 企業価値向上へのインセンティブ

株主である経営者は企業価値向上による経済的恩恵を享受でき，経営へのモチベーション増加につながる。また，従業員からも出資を募ったりストックオプションを付与することで，会社全体としてモチベーション増加が期待される。

2 スポンサーの活用

LBOスキームであっても，金融機関から買収資金全額を調達できるわけではなく，相応の資本性資金の出資が必要になる。経営者単独では資本性資金が準備できない場合には，PEファンド，メザニンファンドといったスポンサーと組んでMBOが行われている。

PEファンドと組んだ場合，基本的には議決権のマジョリティをPEファンドに渡すことになるが，PEファンドから経営リソースの提供等の経営支援が期待できる。一方で，経営陣の全額出資，もしくはメザニンファンドのように無議決権の資本性資金を出資するスポンサーと組んだ場合には，外部からの経営支援はないが，経営陣の議決権は100％になる（当社では経営陣の議決権が100％になるMBOを"純粋MBO"と呼んでいる）。このようにスポンサーによって特徴が大きく異なるため，MBOで何を重視するのかを十分に検討したうえでスポンサーを選定していく必要がある。

【ファイナンシャルスポンサーの投資スタイルの特徴】

	PEファンド	メザニンファンド
投資形態	普通株式	無議決権優先株式
マジョリティ議決権	PEファンド	経営者
経営支援	有	無
Exit方法	M&Aによる売却 or IPO	優先株式の償還

Q-47　経営統合には，どのような手法があるか教えてほしい。

A　経営統合とは，広い意味で複数の企業の経営を1つにすることで，合併，共同持株会社化，子会社化，資本提携等がその例とされるが，特に合併および共同持株会社化を指していう場合が多い。

　合併の場合は，統合作業が煩雑で時間を要する場合も多いため，近年では，法人格を維持しつつ行える共同株式移転方式による共同持株会社化が増加している。なお，合併による場合においても，まずは共同株式移転を行い，その後徐々に事業統合を進め，最終的に合併を行うケースも多く見られる。

1　合併による経営統合

　合併には，吸収合併と新設合併があるが，新設合併は許認可等の再取得等手続き面で煩雑となるため，実務上は吸収合併が採用されるケースが多い。

　合併は，1つの法人格に統合させるものであるため，各企業の必要な部分のみ存続させ，リストラおよびシナジー効果が短期間に得やすいことがメリットとされる一方で，人事をはじめとして各種社内制度の急激な統合は現場レベルの抵抗感が強く，思わぬ軋轢を生む結果となる場合があることに留意する必要がある。

2　持株会社化による経営統合

　持株会社化による経営統合は，2以上の会社が持株会社傘下の100%子会社となる方法である。その手法には，共同株式移転方式と株式交換と会社分割を組み合わせたいわゆる抜け殻方式があるが，統合イメージの醸成，当事会社の株主構成，その他許認可を含むオペレーション面等を考慮したうえで，最終的な統合スキームが決定される。持株会社化による経営統合は，法人格が一体と

ならないため，短期間にはシナジーが得にくく効率化に時間を要するというデメリットもあるが，両社それぞれの個性を残しながら円滑に統合を進めることが可能であることがメリットとされている。

3 共同株式移転方式

共同株式移転とは，複数社で新たに純粋持株会社を設立し，それぞれの株主が保有する株式を新会社にすべて移転し，完全子会社となることで，代わりに完全親会社の発行する株式の割り当てを受けるものである。

この方式は"対等"感のイメージを醸成しやすいほか，既存法人がそのまま残存するため許認可の再取得等の必要がなくスピーディに経営統合を行うことができる一方，純粋持株会社の機能を一から整備する必要がある。

【共同株式移転イメージ】

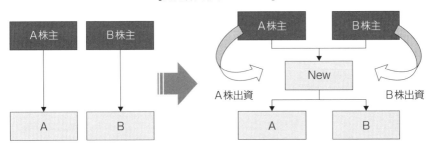

4 抜け殻方式（株式交換＋会社分割）

抜け殻方式とは，株式交換によっていったん完全親子会社関係を構築した後，完全親会社の全事業を会社分割により別途子会社に承継することで，純粋持株会社化するものである。

この方式では，既存の会社をベースとすることで純粋持株会社機能の構築が効率的に行えるほか，米国居住株主が比較的多い法人を完全親法人（抜け殻法人）とすることで，米国証券法対応が不要となる等のメリットがある。

Q-48　自社株式対価M&Aの税制について教えてほしい。

A　令和2年7月に経済産業省が取りまとめた「事業再編研究会報告書」では、その末尾に「今後の検討課題」として、自社株式対価M&Aの活用促進のための制度整備がポストコロナに向けた我が国経済の成長戦略にとって喫緊の課題であると訴えられている。

　自社株式対価M&Aについては、産業競争力強化法（以下「産競法」）に基づく「特別事業再編計画」の認定を要件として株式譲渡益課税の繰延べ措置の適用を受けることができるようになっていたが、要件が厳しく、活用が進まないことから、令和3年度税制改正にて、事前認定を不要とする恒久的な措置として手当てされた。

1　株式交付制度

　令和3年3月1日施行の改正会社法にて、株式会社（「株式交付親会社」）が他の株式会社（「株式交付子会社」）を子会社化するにあたって、株式交付親会社が自社の株式を株式交付子会社の株主に交付することができる「株式交付制度」が創設された。

　株式交付制度の特徴は、片面的な組織再編という点にある。つまり、取得側の株式交付親会社にとっては、ほぼ株式交換と同様の組織再編手続きが必要となるが、被取得側の株式交付子会社自体は当事者にはならず、株式交付親会社による株式交付子会社の株主に対する株式の割当の内容を含む株式交付計画等の通知と譲渡人からの譲渡しの申込み、という株式交付子会社の株主による現物出資に類似した手続きとなる。

　なお、株式交付制度は、他の会社を会社法施行規則3条3項1号に掲げる形式基準（議決権ベースで過半を保有）にて子会社とする場合に限り利用可能と

されており，すでに子会社となっている会社の保有比率を上昇させる場合や，いわゆる実質基準での子会社化のような場合には適用できないことに留意する必要がある。

また，株式交付子会社が有価証券報告書提出会社である場合には，原則として公開買付によらなければならないこと，取得する株式が譲渡制限株式の場合には，株式交付子会社における譲渡承認手続きが必要となることにも留意が必要となる。

2　令和3年度税制改正の概要

会社法の株式交付制度により，対象会社の株主が株式を譲渡し株式交付親会社の株式等の交付を受けた場合には，その譲渡した株式の譲渡損益の計上を繰り延べることとされた。なお，対価として株式と金銭を組み合わせる「混合対価」とすることも許容されており，金銭部分が対価の総額の20％以下であれば，株式部分については課税の繰延べが認められる点は，一定のスクイーズアウトを除いて一切の金銭交付を認めていない組織再編税制とは異なる取扱いとなっている。このように，本措置は，組織再編税制の枠外にて新たに租税特別措置として手当されるものであり，特段の適格要件は設けられていない。

【経済産業省解説】

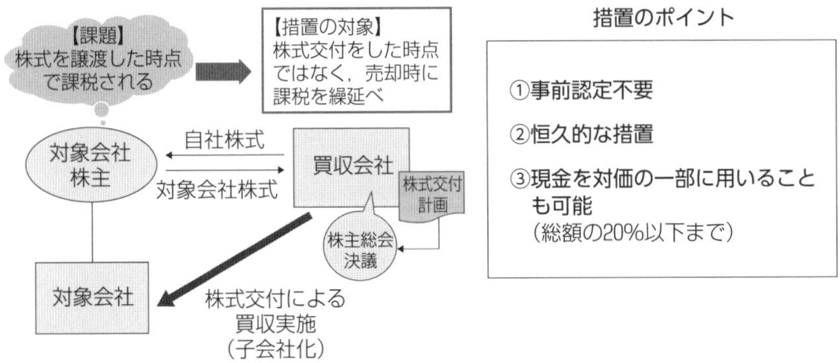
【課題】
株式を譲渡した時点で課税される
【措置の対象】
株式交付をした時点ではなく，売却時に課税を繰延べ
対象会社株主
自社株式
対象会社株式
買収会社
株式交付計画
株主総会決議
対象会社
株式交付による買収実施（子会社化）
措置のポイント
①事前認定不要
②恒久的な措置
③現金を対価の一部に用いることも可能
（総額の20%以下まで）

3 自社株式対価M&A手法の比較

　自社株式を対価として用いるM&A手法として，産競法認定に基づく特例措置（以下「産競法認定型」），株式交付制度および株式交換という制度がそろったこととなるが，それらの税制について比較整理すると下表のとおりとなる。

【自社株式対価M&A手法の税制比較】

	産競法認定型	株式交付制度	株式交換
課税（対象会社）	なし	なし	非適格の場合，時価評価課税
課税（株主）	「特別事業再編計画」認定により，譲渡損益課税繰延べ	現金等対価を20％以下すれば，株式対価部分の譲渡損益課税繰延べ	株式以外の資産が交付されない場合は，譲渡損益課税繰延べ

Q-49　労働契約承継法について教えてほしい。

 　労働契約承継法とは，「会社分割に伴う労働契約の承継等に関する法律」の略称で，2001年4月1日より施行されている。

　会社分割の場合，分割される資産・事業に係る権利義務が，分割承継会社に包括的に承継される点は合併と同様であるが，特定の事業のみの権利義務を分割承継会社に移転するものであるため，労働者保護の観点から，労働者等への通知，労働契約承継等についての労働者の異議申出等さまざまな規定が定められており，この法律に沿った手続きを行うことが必要とされる。

　なお，事業譲渡の場合の労働契約の承継は，譲渡会社および譲受会社間の合意に加えて労働者本人の同意が必要とされ，労働者の意思に反して労働契約を譲受会社に譲渡することはできないため，労働者保護に係る立法措置は講じられていない。

1　労働者等への通知と異議申出

　承継事業に主として従事する労働者については，分割計画書等に労働契約を承継する旨の記載をすることによって，会社法の原則どおり会社分割の効力発生時点で承継会社に雇用契約を承継させることができる。したがって，事業譲渡で求められているような承継事業に従事する労働者本人の同意は必要とされていない。

　しかしながら，会社分割による転籍は，従前から従事していた会社から切り離されることとなり，労働者の利害に大きな影響を与える場合もあるため，労働契約承継法上は当該分割事業に従事する労働者および労働組合に当該会社分割に関する事項を通知しなければならないとされている。

　また，承継事業に主として従事していない者を承継会社に承継させる場合も

しくは承継事業に主として従事していた者が承継対象とされていない場合には，当該従業者は異議申出をすることが可能であり，異議を申し出れば，本人の意向に従って労働契約が承継され，または承継されないこととなる。

【労働者の異議権の有無】

分割計画書等の記載の有無	承継事業に主として従事する者	承継事業に主として従事する者以外の者
記載された労働者	承継（異議権なし）	異議権あり（書面による異議を出せば残留）
記載されていない労働者	異議権あり（書面による異議を出せば承継）	規定なし

2　主として従事しているかどうかの判定

　労働者が分割対象事業に主として従事しているかどうかは，実質を見て判断されるため，承継会社に承継されることが明らかな労働者または承継されないことが明らかな労働者につき，合理的な理由なく，分割前に意図的に配転等を行った場合には，過去の勤務実態を見て判断することとなる。

　また，総務・人事・経理等の間接部門の労働者は，もっぱら分割の対象となる事業に従事している場合には，その事業に主として従事していたものとして取り扱われ，分割対象事業以外の仕事もしている場合には，従事する時間，役割等を総合的に判断することとなる。

3　労働条件の承継

　承継会社に承継される労働契約は，包括的に承継されるため，その労働条件もそのまま維持され，一方的な不利益変更は行ってはならないとされており，効力発生日前後での条件変更は労使間の合意が必要とされている。

M&Aコラム

先人たちの時代

　年号が平成に変わった頃，国内M&Aの実際の買収価格交渉において時価純資産法が幅を利かせており，「時価純資産に営業利益３年分を加算」といった決め方が普通だった。その頃，DCF法はまだ一般的ではなくて，留学帰りの人や外資系投資銀行の人など一部の人しか実務では使っていなかった。

　当時は先生らしい先生がいなくて手探りだったので，ロータス1-2-3（知らない人も多いだろう）を使って見よう見まねでやってみたが，割引率は５％，６％，７％などのキリの良い数字を使っていた。なぜかというと，当事の定期預金利息がそんな水準だったから（良い時代）だ。

　その後Greed and Glory on Wall Streetの某投資銀行で１年間修行させてもらい，そのときにWACC（Weighted Average Cost of Capital）を教えてもらった。ファマさんとフレンチさんという人が習ったばかりのβを否定したのでどうしようと思いつつ，「MRPはどうやって調べるのか？」と聞いたら「イボットさんに聞け！」と言われ，イボットさんという割引率オタクが社内にいるのかと思ったらIbbotsonだった。

　修行から戻ってDCFシートを職場でみせたら，「割引率になんで小数点以下があるの？」と聞かれた。帰国後もロータス1-2-3ではなくエクセルが使いたかったのでマックを買った。もともとエクセルはマックの専用ソフトだったことは，今では誰も知らないだろう。当時ウィンドウズはマックのまねっこだと思っていたが，今ではすっかり主流になった（最近20代の人と話していたら，彼はマックがウィンドウズのコピーだと思っていた）。

　類似会社比較法には有価証券報告書が必要だが，有価証券報告書は霞が関の政府刊行物センターで自分で買わねばならなかった。クロボ案件の契約交渉は，ファックスを１日１往復でやるのが決まりだった。オフィスで「するめ」のように丸まった100枚近くある感熱紙を順番にして，カッターでA4に整えて綺麗にコピーをつくるところから１日が始まった。そのコピーを社内で人数分つくる（が，絶対読まないくせに自分の分を要求するメンバーが必ずいる）。そのコピーに対案を鉛筆で書きこんで，１日の終わりに相手方にファックスする。１時間以上かけて全部送り終わるまで（途中で送信が止まるかもしれないから）帰れなかった。

　当時，M&Aの教科書はさる会計事務所の偉い先生が書いたものしかなく，

これで勉強させていただいたが，その先生はその頃アメリカから買収契約書を
ファックスで大阪の米屋さんに誤送信してしまい，すぐに飛行機に乗ってクラ
イアントと米屋さんに謝りに行ったらしい（地球半周の素早い対応が奏功し
て，結果「雨降って地固まる」となった由。それと先生の名誉のために申し添
えると，ファックスを直接先生が操作されたわけではありません）。

　そのうちインターネットが普及し始めた。マウスでアイコンをクリックする
とモデムが「ピーヒャララ」と笛を吹き始める（わからない人も多いだろう）。
職場でもウィンドウズPCが配布され始めた。上司が「〇〇くん，ウィンドウ
ズは窓が開くからウィンドウズというらしい！」と興奮気味に言っていたのを
思い出す。この頃日本では，M&Aは一部の大企業のもので，基本は買う話。
「会社を売りませんか？」なんて言ったら塩を撒かれる，まだそんな時代だっ
た。

第**6**章

デューデリジェンス

> 　原則として，M&Aに係るリスクは買い手が負うことになるが，DDは契約前に買収対象会社の中身まで見ることができる絶好の機会である。この間に可能な限りのリスクを把握できるかどうかは，案件成否を左右する重要なトリガーとなりうる。また，M&Aの担当部署・役員としては，買収前に十分な調査を実施することは，注意義務の観点からも必要な手続きである。
>
> 　DDにはさまざまな種類があるが，いずれも専門的な知見を要することから，一般にDDに際しては専門家を利用することが多い。いずれのDDも実施して終わりではなく，DDでの発見事項を株式譲渡契約の条項やPMIでの対応等，DD後のステップにつなげていくことが肝要である。
>
> 　本章では，DDの種類や意義，実施にあたってのポイント，契約条件等への反映方法について解説する。

Q-50 DDとは何か教えてほしい。

A デューデリジェンス（Due Diligence）とは，買い手側が買収対象会社について，M&Aの実施可否を含め，その後のプロセスに必要となる情報収集および問題点の検出を行うプロセスである。

売却プロセスの円滑化等を目的とし，売り手が行うセルサイドDDもあるが，通常は買い手が行うDDを意味することが多い（以下では，買い手サイドのDDについて解説をする）。

1 DDの必要性

我々は，私生活で何かを購入する際に，買おうとしているものがどういうものかを理解せずに買うことはないはずである。M&Aも会社等を買うという1つの大きな買い物であることから，対象会社がどのような企業であるかを理解することは不可欠であり，そのプロセスがDDであるということができる。

また，M&Aを実行する場合には，その目的を見失わないようにすべきだが，対象会社がその目的を達成するに足る会社であるかどうかを見極めるうえで，DDは必要なプロセスといえる。

2 DDの種類

企業は，取引先，製造設備，従業員，知的財産権，ノウハウ等のさまざまな有形・無形な資産が複雑に絡み合い形成されているものであることから，DDは数種類に分類され（表「DDの種類」参照），各案件の内容に応じて必要なDDが実施されるが，その中でも，特にビジネス，財務，法務DDが重要である。

① ビジネスDD

M&Aの目的が，対象会社が行うビジネスの取得を通じて自社の収益を伸ば

していくということである以上，買収しようとしているビジネスが業界において どのようなポジションにあるのか，どのような優位性を有しているのか，将 来における成長性はあるのか等を理解することは重要である。

② **財務DD**

大きくP/L面とB/S面に分けることができる。まず，P/L面はビジネスDDと も密接に関係しており，対象会社の収益構造を客観的に数値で分析することに より，ビジネスDDにて把握した事項を定量的に分析し，事業計画蓋然性の判 断材料とする。次に，B/S面は，資産・負債の状況を調査し，買収対象の財産 の状態を把握し，将来CFを生み出す源泉として何があるかという点や，開始 B/S検討にあたっての基礎とする。なお，財務DDは，公認会計士による会計 監査とは異なり，対象会社の財務諸表にお墨付きを与えるものではない。

③ **法務DD**

各種取引について，法的観点から問題点がないかを調査するものである。重 大な潜在的債務というのは法令違反・各種紛争（取引先または従業員）等を起 因とするものが多く，法務DDも重要なプロセスである。

【DDの種類】

種　類	概　　要	主な担当者
ビジネス	製品・サービスおよび市場（市場における ポジション含む）等に関する調査	買収企業担当者（各事業部） コンサルティングファーム
財務・税務	財政状態，損益状況の実態調査，税務リス クの調査	買収企業担当者（経理財務部） 会計事務所
法　務	対外的な契約関係，係争事件等の調査	買収企業担当者（法務部） 法律事務所
環　境	保有不動産における環境汚染の有無等に関 する調査	環境エンジニアリング会社
人　事	組織風土，人事制度等の人材マネジメント に関する調査	買収企業担当者（人事部） 人事コンサルティングファーム
IT	ITシステムおよびそれらの運用状況に関す る調査	買収企業担当者（システム部） ITコンサルティングファーム

第3部
M&A実行プロセス

Q-51　DDはなぜ必要か教えてほしい。

A　DDを通じて把握した対象会社のリスクとシナジーの実現可能性は，M&A自体の実行の是非，買収価額そして契約条項等の買い手の意思決定に係る重要な材料となる。さらに，リスクについていえば，DDを実施せずに買収した後に，万が一その会社にて重要な損失が発生した場合，DDの未実施との因果関係がないことの証明は困難を極めるであろう。

　したがって，一般的にDDが必要とされる理由は，以下の2点に整理できる。

(1) リスク情報およびシナジーの把握

(2) 利害関係者への説明責任の遂行

1　リスク情報およびシナジーの把握

①　情報の非対称性

　一般的に，売り手は対象会社の経営実態を把握しているが，買い手は対象会社の内部情報を有していないため，両者の間には情報格差が存在することになる。これがいわゆる情報の非対称性と呼ばれるものである。

　買い手がDDフェーズにおいて対象会社の内部情報を入手することにより，売り手と買い手の情報格差が緩和され，買い手にとって買収価額や契約条項等の交渉に役立てることができる。

　M&Aプロセスにおいて，買い手は限られた時間，情報の中で買収に関する意思決定をすることが求められる。また，一般的に買い手は契約締結後に判明したリスクについて，事前に買収価額または契約条項に反映させない限り，当該リスクにかかる損失を自らが負担する可能性がある。

　そのため，売り手から買い手に移転するリスク項目にはどのようなものがあるか，DDを通じて検出することが重要となる。

②　PMIの視点

DDを通じて発見したリスクで買収価額や契約条項等に織り込めないものは，買収後優先的に解決すべき課題となる。つまり，DDを実施することにより，PMIの計画策定，実行時に有用な情報を得ることができるのである。また，DDで発見できる事項はリスク等のネガティブ要素だけではなく，シナジーとして対象会社もしくは買い手自身の企業価値をアップさせる要素も含まれる。そのため，DDの段階からシナジー実現の可能性，実現のための必要事項等を検討し，ポストM&Aへのスムーズな移行に取り組むことにより，シナジーの早期実現が可能となるのである。なお，シナジーの早期実現のためには，マネジメント層だけでなく対象会社の事業に関連性のある事業部のスタッフもプロジェクトに入れ，現場を熟知している立場から検討を行うことが望ましい。

2　利害関係者への説明責任の遂行

昨今，買収後に減損が発生した子会社について株主総会で経営者に説明が求められる等，M&A実施後に経営者の説明責任を問う株主の声が強くなってきていると考えられる。このような中で，DDを経ずに買収を実施した場合には，会社に対する善管注意義務違反として責任を問われる可能性も考えられる。

確かに，DDは監査とは異なり法令等で定められたものではなく，必要に応じて任意に実施するものである。しかし，DDがM&Aにおける必要不可欠な手続きとして認知されている現在において，DDの未実施とディール後の会社の損失に因果関係がないことを証明することは困難を極めるものと考えられる。場合によっては，株主代表訴訟を提起される可能性もありうることを念頭におく必要があろう。

Q-52　DDにあたって専門家を利用する必要性について教えてほしい。

A　DDは監査とは異なり法令等で定められたものではなく，必要に応じて任意に実施するものである。そのため，専門家を利用せずに自社でDDを行うことも可能である。

ただし，通常は時間・予算・人員等の限られたリソースの中でリスク検出および買収価格等の意思決定を効率的に行うためには，M&Aに豊富な知見を有する専門家を利用することが必要不可欠である。

1　専門家の必要性

①　高度な専門性（知識経験）の活用

DDでは，M&A実務に係る会計，税務，法務等の知識，経験が求められる。そのため，M&Aに慣れていない会社の場合，当該実務に関する豊富な知識，経験を有しているケースは少ないといえる。そこで，専門家を利用することにより，専門家が有する専門的知識と豊富な経験を享受でき，DDをより効果的・効率的に行うことができる。

②　時間的制約（効率性）の観点

一般的にDDの期間は売り手によってコントロールされ，時間的制約を設けられることがある。このような場合には，DDに関する経験のある専門家を利用するほうが，DDを効率的に進めることができる。

③　客観性の確保

買い手における社内での説明や役員の善管注意義務の観点からは，社内リソースでDDを実施するよりも，第三者である専門家を利用するほうが，客観性を確保することができ，社内プロセスを効率的に進められる可能性がある。

2　専門家を利用する際の留意点

　対象会社から提供される資料およびインタビュー回答，各DD専門家からの報告事項等が適宜買い手に共有されることが必要である。よって，各DD専門家と買い手の担当者を1つのDDチームとし，適宜情報を共有できる体制を取ることが望ましい。

　また，DDの効果的・効率的な実施のためには，各DDチームの役割分担を明確にし，DDチーム間で情報共有を図ることが必要である。情報共有を行うことで，資料依頼，インタビュー内容，分析作業等の重複回避による効率的なDDの実施および他のDDチームの報告をもとにスコープ変更，追加手続の実施等の効果的なDDの実施が可能となる。よって，買い手もしくは買い手FAがプロジェクト事務局を設置することにより各DDチームを統括し，各DDチームの進捗情報，報告事項等が適宜集約・共有化される体制が望ましい。

　そして，専門家を利用する場合でも，あくまで買収に係る意思決定は買い手自身が行うということに留意しなければいけない。

【プロジェクト体制例】

	買い手事業部		DD専門家
ビジネスDDチーム	経営企画	事業部	経営コンサルティングファーム
財務・税務DDチーム	経理部	財務部	会計事務所
法務DDチーム	法務部		法務事務所
人事DDチーム	人事部	総務部	人事コンサルティングファーム
ITDDチーム	システム部		ITコンサルティングファーム
環境DDチーム	環境対策部		環境エンジニアリング会社

統括
プロジェクト事務局

経営企画	FA

Q-53　DDの流れを教えてほしい。

A　一般的なDDの流れとして，事前段階では買い手側で調査方針を決定し，チームを編成した後にキックオフミーティングを行いチーム内で方針の共有を行う。作業段階では資料依頼によって収集した資料をもとに分析，インタビュー等を実施し，調査結果を報告書に落とし込む。最後に報告書にて対象会社のリスク等買い手の意思決定に資する情報を提供する。

【DDの流れ】

事前準備	調査	報告
■調査方針の決定 ■チーム編成 ■キックオフミーティング ■資料依頼	■分析・インタビュー ■定期的なミーティング	■中間報告 ■最終報告

1　一般的なDDの流れ

①　調査方針の決定

当該ディールを行う目的，想定される財務リスク等を念頭に置きつつ，財務報告の基準日，予算，スケジュール等を適切に設定する。

②　チーム編成

上記調査方針に従い社内メンバーおよびDD専門家等からチームを組成するが，DDにおける守秘性維持の観点からチームメンバーの人数はむやみに増やすべきではない。また，DD専門家のリテインにおいて，DDの調査事項の範囲は対象会社の業態・規模およびディールの形態等によって異なる。

③　キックオフミーティング

チーム編成が完了した段階でキックオフミーティングを開催し，①で設定し

た事項，役割分担，今後の方針等を共有する。また，DD専門家の意見を参考に調査対象範囲（連結会社の場合はどの会社か，事業譲渡の場合はどの事業か等）についても決定する。

ここでは，①と同様に当該ディールを行う目的，想定される財務リスク等をチームで共有し，DDで重点的に調査する項目を明確にすることが重要である。

④ 資料依頼

DDに必要な資料リストを作成し，対象会社に提出する。ここでは，DDには時間的制約があることから，重要な資料に係る分析を先にできるよう資料ごとに優先順位をつけることが有効である。対象会社から提供されるデータについては，守秘性が高いものが多いことから通常は対象会社の会議室等を使用し，データの管理を行ってきたが，近年ではVDR（Virtual Data Room）を介して資料の提供・管理が行われる場合が多い。

⑤ 分析・インタビュー

提供された資料について量・質ともに不足がないかを確認し，必要に応じて追加の資料依頼を実施する。提供された資料をもとに分析を実施し，リスクの検討等を行う（詳細な分析手法についてはQ57参照）。また，対象会社の財務，法務，マネジメント層に対してインタビューを行い，回答に対しても分析する。

⑥ 報 告

実務上は，調査がある程度実施された時点で各DD分野で認識している問題点，作業の進捗状況，今後の方針等を共有するために中間報告を行うことが多い。また，最終的にDDの結果として検出されたリスク，各分析の結果等が報告書にまとめられ，報告書に記載された発見事項をもとに価値評価および契約条件等を考慮する（詳細な反映手法についてはQ58参照）。

Q-54　ビジネスマンズレビューとは何か教えてほしい。

A　ビジネスマンズレビューとは，単にB/SやP/Lの内容の精査といった伝統的な財務DDではなく，対象会社の事業実態を調査し，投資に関するリスクを多面的に洗い出し，買収目的への適合性および買収後経営に資する情報提供，のれんの減損をもたらすリスク分析を伴う包括的なDDである。

1　伝統的な財務DDとの違い

　伝統的な財務DDでは，財務諸表にオンバランスされた勘定科目等にフォーカスをしてDDを実施すると考えられるが，ビジネスマンズレビューでは財務諸表に計上される数値の算定基礎となる事業活動および事業活動を行う人，外部関係者等にまでスコープを広げてDDを実施する。

　伝統的な財務DDとビジネスマンズレビューの違いとして，対象会社において自己創設した商標権，特許権，人的資産，ノウハウ等のオフバランスとなっている無形資産が存在する場合を考えてみたい。伝統的な財務DDにおいては，先述したように財務諸表上オンバランスされた勘定科目等にフォーカスをしてDDを実施するため，オフバランスとされている項目については，DDの検討対象に含まれない可能性がある。一方，ビジネスマンズレビューにおいては，財務諸表に計上される科目のみならず無形資産の発生源泉となる事業活動，および事業活動を行う元となる人，外部関係者等にまでスコープを広げるため，それらの実態把握もDDの検討対象となる。

2　ビジネスマンズレビューの手法

　一般的にビジネスマンズレビューの手法としては，以下のものが考えられる。

■財務諸表上オンバランスされている勘定科目のみならずオフバランスされ

ている項目（無形資産，契約関係，人的資産等）について整理する

■企業の事業活動（購買，生産，販売等）および本社機能としての活動において，どのような外部関係者とつながりを持って活動しているか，または自社リソースをどのように活用しているか整理する

■上記活動についてどの組織が担っているのかについて整理する。その際の区分として，組織体系上の部署という区分のみならず，財務レポーティング別，法人別，地域・拠点別という形で整理する

■マネジメントに対して重要な情報がどのような仕組みで報告されているか，マネジメントによる会議体の開催頻度，決議内容，マネジメント構成メンバーについて整理する

■会社の内部制度（レポーティングシステム，内部統制，内部監査，各種規定・マニュアル）について整理し，対象会社のガバナンスを検討する

■PMIを見据え，買い手の視点で問題点を検討する

【ビジネスマンズレビューの概念図】

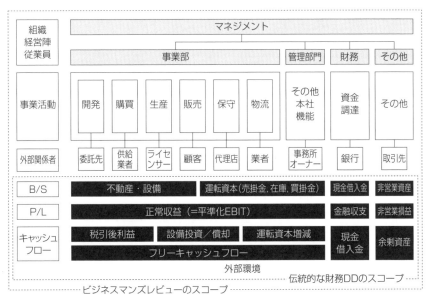

Q-55　中堅・中小企業のM&Aに係る特有のリスクを教えてほしい。

A　一言で中堅・中小企業といってもさまざまな会社が存在しているため，ここではオーナー系の中堅・中小企業を買収する場合を想定する。日本では中堅・中小企業の多くが後継者問題を抱えていることもあり，オーナー系の中堅・中小企業の買収は今後も増加することが見込まれている。こうした中堅・中小企業は，大企業にはあまり見られない固有のリスクがあり，これらの特性を十分に理解したうえで買収に取り組む必要がある。なお，こうした中堅・中小企業に係る買収リスクは，DDの実行段階のみならず，個人株主の所在が不明だったり株券が紛失されていたりといったM&A全体のプロセスにも影響を与える可能性があるため，最後の最後に予想していなかった問題が発覚することで案件が頓挫してしまう，あるいはスキームを大幅に変更せざるを得ないという事態に至ることもある。したがって，あらかじめ想定されるリスクを洗い出したうえで，案件プロセスの設計を行うことが重要となる。

1　中堅・中小企業の特徴

　すべての中堅・中小企業に当てはまるわけではないが，中堅・中小企業の特徴として，その多くがオーナー＝経営者となっているケースが多く，ここから派生する特徴を記載する。

①　ガバナンスの脆弱性

　中堅・中小のオーナー企業の場合，経営者が第三者に対するアカウンタビリティーを求められる機会が大企業や上場企業と比べて限定的となる。そのため，日常的な事業活動の中での経営判断が，オーナー個人の裁量に委ねられることが多いため，十分なガバナンスが機能していないことがある。その結果，以下のようなリスク要因を内包しているケースが多い。

ⅰ　オーナーの私的費用

　オーナー企業の場合，会社にとって必要な経費とオーナー個人または一族の私的な費用との境界線が明確ではない場合がある。例えば，オーナーの親族が名目上の役員となって役員報酬が支給されているケースが該当する。これらは，税務上の観点から損金として否認されるリスクを抱えることを意味する。また，これらのオーナーの私的費用を取り除いた費用構造をもとに，対象会社が有する本来の正常収益力を把握することで，対象会社の適正な企業価値の評価を行う必要がある。

ⅱ　コンプライアンス遵守に対する意識

　すべての中堅・中小企業が該当するわけではないが，大企業と比較して相対的には法令順守（コンプライアンス）に対する意識が十分に浸透していないケースもある。酷いケースでは，会社法上求められている株主総会や取締役会の開催およびその議事録の備置といった基本的な事項が充足されていない場合や，店舗の建築基準や環境関連法案等の違反といったルールに至るまで多岐にわたる。業法上の許認可を有していない等の根本的な問題が発覚した場合には，ディールキラーとなるのみならず，対象会社の事業継続に支障をきたす事態にまで発展する可能性もある。

ⅲ　決算書に対する信頼性

　欧米では，上場していない中堅・中小企業でも，金融機関等への説明責任を果たすうえで会社が作成する決算書に公認会計士による監査やレビューが行われているケースが多い。しかしながら，日本の中堅・中小企業が外部会計士の監査またはレビューを受けているケースは稀であり，人材不足等により社内の内部統制も十分に機能していないケースも少なくない。DDの結果として，不適切な会計処理や会社が把握していない簿外債務の存在が発覚するケースもある。また，買い手がIFRSを採用している場合の日本基準からIFRSへの修正による影響で，見た目の決算数値が買い手にとってみれば大きく異なってくるといったこともあるので留意が必要である。

第3部
M&A実行プロセス

　　iv　経営管理情報の不足

　中堅・中小企業を対象とするM&A案件で問題となることが最も多いの
が，適切な経営管理情報が作成されていないケースである。基本的にはグ
ループ会社が複数存在するにもかかわらず連結数値が作成されていなかっ
たり，小売業であれば店舗別・商品別の損益情報，製造業であれば製品別
のコスト情報といった経営データが精緻に作成されていないケースも多い。

②　特定資源への依存リスク

　中堅・中小企業の場合，そもそも事業規模が決して大きくなく，その事業の
価値の源泉を特定の経営資源に大きく依拠しているケースが多い。それらの価
値源泉となっている重要資産が毀損した場合，会社全体の価値が大きく損なわ
れるリスクを抱えているため，DDにおいて株主変更による影響も十分に考慮
したうえで，リスクの洗い出しと価値毀損回避のための対策を事前に講じてお
く必要がある。

　　i　オーナー経営者への依存

　オーナー経営者への依存度が高い場合，会社の事を熟知している唯一の
人物となれば，会社を買収した後にも継続的に経営に関与してもらう必要
がある。また，オーナー経営者のカリスマ性が顧客や従業員にとって重要
な要素となっている場合には，買収後のオーナー経営者の処遇は事業価値
の毀損を回避するためにも極めて重要な問題である。

　　ii　その他の経営資源への集中リスク

　その他経営資源への集中リスクとして，以下のような事項があげられる。

　⑴　特定顧客への依存
　⑵　特定地域での事業展開
　⑶　特定の技術への依存

2　中堅・中小企業固有のリスクに対する対策

　まず，売り手側とのコミュニケーションやDDを通じてリスクの実態を把握
することが重要であり，売り手側とのリスク共有の仕組みをどうつくるかが，

M&A成否の鍵を握るといえる。そのリスク要因とリスクの程度によって，買収スキームや買収対価の支払い方法を工夫する必要がある。

① 買収スキームの工夫

例えば，租税債務やコンプライアンス問題が法人格を承継するうえで障害となるのであれば，最初から事業譲渡スキームを検討すべきであるし，オーナー経営者に買収後に継続的に経営に関与してもらう必要がある場合には，段階的な買収を行うことも一案である。

② 買収契約での取り決め

買収後に発生した損害に対して，買収契約書の中で幅広い表明保証条項と十分な損害賠償条項が合意できたとしても，売り手がオーナー個人の場合には支払の留保等により損害賠償の財源を確保しておかなければ，実効性のない合意事項となってしまうため，FAや弁護士と十分に協議を行いリスクへのヘッジを検討する必要がある。

③ PMIフェーズにおける投資とリスク・マネジメント

中堅・中小企業のM&Aにおいて，買収時にリスクへの対応ができたとしても，最も労力を要するのは買収後のPMIフェーズかもしれない。買収公表時における社員および顧客に対する適切なコミュニケーションから始まり，適切な財務報告システムの導入や意思決定プロセスの見直しといった経営管理の仕組みの構築が必要であり，買収目的を実現するためには，買収後の一定期間にわたり相当程度の人的および経済的な投資が必要となることが一般的である。これらのPMIコストも買収意思決定時にあらかじめ買収コストとして織り込むとともに，事前のPMIプランニングもM&Aの成否を決める重要な要素となる。

Q-56 DDにあたって海外企業特有のリスクを教えてほしい。

A 　国内市場が縮小する中で，成長機会を獲得するために海外企業を対象としたM&Aのさらなる増加が予想される。海外企業が対象の場合においても，DDの基本的な手続内容は国内企業の場合と相違ない。ただし，言語，ビジネス慣習，制度等（会計，税務，法務）の違いから，国内DDを行う場合には見られない海外企業特有のリスクが存在することに留意が必要である。

1　海外企業特有のリスク

①　言語の違い

クロスボーダーのディールの際に海外企業とのやり取りは，英語または現地語にて行われることが一般的である。現場作業員の言語レベルが低い場合に，意思疎通レベルの低下により，お互いの認識に祖語が生じてしまうリスクが生じる。また，提供された情報の内容理解に膨大な時間を費やしてしまうため，どうしてもコミュニケーションは国内案件に比べて非効率になる。そのため，あらかじめ余裕を見たスケジューリングが必要である。

②　ビジネス慣習の違い

ビジネス慣習の違いとは，企業文化，経営に対する考え方といった大局的なものから，資料依頼の際に期限を区切らないといつまでも出てこないといったプラクティスに係るものまでさまざまである。これらの違いは，ときに対象会社との軋轢を生み，仮にDDに対して非協力的な態度を取られてしまう場合，DDスケジュールの遅延等の弊害がもたらされる。

また，クロスボーダーのディールの場合，国内のディールであれば容易に取得できたであろう情報が取得できず（該当する資料が存在しない，資料の提供

を拒否される等），DDの手続が限られてしまうケースもある。

③　制度（会計，税務，法務）の違い

国内のディールと異なり，クロスボーダーのディールにおいては日本の制度に加えて現地の制度の影響を受けることになる。

会計上は日本会計基準とIFRSにおけるのれんの償却，非償却のように利益金額に影響を与えるため，買収会社と被買収会社で採用している会計基準の違いに留意が必要である。

税務上は税率，課税対象，控除対象等の違いおよびその国独自の税制に留意が必要である。税務上の影響はCFに影響を与えるため，CFベースでの企業価値算定の際には制度の差異に係る税務コストを考慮しなければいけない。これらは，ディールストラクチャー（新設会社をどの国に設立するか等）の選定，契約条項に影響を与える。

法務上はその国独自の規制，出資比率制限，許認可等の制度に留意が必要である。これら法制度に対して十分な検討を行わないままディールを進めた結果，法令違反等により最悪の場合，ディール中止に至る可能性がある。

よって，現地の会計，税法，法務に詳しい専門家をアサインし，最適なストラクチャー等を検討することが必要となる。

2　経験豊富な現地専門家の活用

クロスボーダーのディールの場合，上記リスクに対応するため現地事務所にDDを依頼する場合が多い。その際には，実際の作業を現地事務所に任せきりにしないこと，逆にすべてを日本企業の物差しで判断し，杓子定規に作業を進めさせないことに留意が必要である。

このような場合に，現地のビジネス慣習および日本企業の考え方双方を理解し，バランス感覚を持つ専門家を起用して，現地事務所への指示および報告書の取りまとめ等を依頼することは，海外企業特有のリスクを回避し効率的にDDを進めるうえで有効であるといえる。

Q-57　財務DDの分析手法および発見事項の例を教えてほしい。

A　　財務DDの分析は対象会社の各財務領域（P/L，B/S，CF）に対して，過去実績と事業計画双方の時間軸から行われる。また，各分析の結果から，ディールキラーの有無や価値算定，契約条件の反映に資する財務上およびビジネス上のリスクが発見される。

1　P/L分析

　P/L分析の目的は対象会社の収益・費用構造（収益の源泉は何か，費用の大半を占める要素は何か等）を理解し，対象会社が本源的に有し将来にわたって継続可能な収益獲得能力（正常収益力）を把握し，事業計画上の収益力の検討等に資することといえる。正常収益力は，一般的に設備投資の影響（減価償却費），資本構成の影響（支払利息）等を受けないEBITDAを基礎に算定される。

　① **収益・費用構造の把握（増減分析）**

　対象会社の収益・費用構造の理解のためには，P/Lの構成要素（売上高，売上原価，販売費，管理費等）を時系列，事業別，地域別，取引先別等のセクション別に比較・分析を行う。その結果から，対象会社の事業計画の前提条件の妥当性や対象会社の正常収益力の算定の際に調整すべきものが見えてくる。

　② **正常収益力分析**

　正常収益力の調整項目としては，非経常的なものとして処理すべき営業収益・費用や経常的なものとして処理すべき営業外・特別損益があげられる。

　また，ディールの実施後に統廃合する事業・子会社等の損益の除外，リストラ関連の費用等の企業の将来の影響を過年度の損益に反映させるべき項目（プロフォーマ調整）も含まれる。

③ スタンドアロンイシューの把握

子会社または一事業部門の分離等の場合には，事業構造の変化に伴いコスト構造が変化する問題（スタンドアロンイシュー）について把握する必要がある。親会社，本社から有償・無償のサービスを受けている場合に，買収後には当該サービスを受けられなくなることで，コストが増加する可能性が存在する。

2　CF分析

CF分析の目的は対象会社の資金繰り状況の確認およびFCFの算定基礎となる運転資本および設備投資の金額を把握することである。

① 運転資本分析

運転資本分析では，季節変動の影響を加味するため月次での運転資本の推移を比較することが望ましい。上記分析により対象会社の事業遂行上必要な運転資本の残高を把握する。売上債権，棚卸資産については回転期間分析を行い，運転資本の適正水準の調整項目となる滞留債権・在庫の有無を検証する。運転資本分析においては，資金繰りの状況や季節変動やトレンドを考慮した正常な運転資本の水準および長期滞留債権，陳腐化在庫の有無が発見される。

② 設備投資分析

設備投資分析においては買収後に多額の設備投資が必要となるといった事態を避けるために過年度の設備投資の過不足を分析する。具体的な分析方法として，対象会社の設備投資額を減価償却費または同業他社の設備投資額と比較することがあげられる。設備投資分析においては，過去実績の設備投資の水準を把握することにより対象会社の将来の設備投資計画が妥当かどうか判断することが可能である。

3　B/S分析

実態B/Sの調査により，将来CFを生み出す源泉として何があるかという点や，開始B/Sの検討の基礎となる情報，純資産法やネットデットなどの企業評価の算定基礎を把握することができる。ただし，実態B/Sについては，案件に

よってその利用方法や有用性も異なることが通常である。

　また，B/Sに計上されていない環境債務や訴訟債務などのオフバランス項目については，ディールブレイクの要因となることもありうるため，慎重な調査を要する。

① 実態B/Sの把握

　実態B/Sの調査においては，資産に含み損益が含まれているものはないか，評価減すべきものはないか，負債の計上漏れはないか，などの観点でB/S項目を分析する。例えば売掛金では与信，回収条件，滞留状況を確認し回収可能性を検証することによりB/Sの計上額の修正の要否を検討する。

② ネットデットの分析

　株主価値の算定において事業価値からの控除項目となるネットデットおよびデットライクアイテムとして何を考慮するべきかについても検討を行う。ネットデットとは，有利子負債（借入金，社債，リース債務等）から現金（必要資金を除く）および現金同等物を控除したものである（デットライクアイテムの詳細についてはQ24参照）。

③ オフバランス項目の調査

　例えば，係争中の事件に係る損害賠償等の偶発債務は，B/S上オフバランスされているため，対象会社の経営者に対する質問および法務等の各種DDチームからの報告事項等から発生可能性，網羅性，金額の見積等について検証する。

　なお，P/L分析，CF分析の結果からも，実態B/Sの作成に資する情報が入手できる。

4　事業計画分析

　事業計画分析の目的は対象会社の事業計画の妥当性の検証である。なぜなら，対象会社の事業計画は将来CFを決定し，買収価額の決定の基礎になるため，仮に達成不可能な過大な事業計画を買い手が受け入れた場合，買収価額の払い過ぎという事態に陥るからである。

　事業計画分析では，対象会社の事業計画の前提条件の合理性について検証を

行う。例えば，事業計画の前提条件について，過去実績や外部情報，各事業計画間（損益計画，投資計画，人員計画等）の整合性を確認するなどして妥当性を検証する。

また，対象会社の過年度の事業計画の達成度を確認することにより，事業計画がどの程度の確度を持って作成されているのかを把握することができる。

事業計画分析は，P/L分析と併せてビジネスの視点と直結するものであり，必要に応じて，財務DDの専門家だけでなくビジネスDDの専門家や（対象会社と同業であれば）買い手と情報共有しながら分析を進めることで，さらに詳細な分析が可能となる。

以下が財務DDにおける分析対象と主な発見事項の例である。

【分析対象と主な発見事項の例】

項　目	分析対象	主な発見事項の例
P/L	収益・費用構造	• 恒常的な赤字構造 • 異常な増減項目
	正常収益力	• 非経常的なものとして処理すべき営業収益・費用 • 経常的なものとして処理すべき営業外・特別損益 • ディールの実施後，影響を過年度の損益に反映させるべき項目（プロフォーマ調整）
	スタンドアロンイシュー	• カーブアウトにより利用できなくなる親会社，本社からの有償・無償のサービス
CF	運転資本	• 厳しい資金繰りの状況 • 長期滞留債権，陳腐化在庫の存在
	設備投資	• 過年度の設備投資の過不足
B/S	実態B/S	• 含み損益のある資産，負債項目 • B/S上オフバランスされている偶発債務等
	ネットデット	• ネットデットおよびデットライクアイテムとして株主価値算定上考慮すべき項目
	オフバランス項目	• B/S上オフバランスされている偶発債務等の検出
事業計画	事業計画	• 事業計画の前提条件の妥当性 • 各事業計画間の整合性

Q-58 財務DDの発見事項はどのように対応すればよいか教えてほしい。

A 　DDでの発見事項は，まずディールキラーとなりうるか否かの定性判断を行う。ディールキラーとならないものについては，当該発見事項の重要度合を評価する。一般的に，定量的な発見事項のうち，重要性が高いものについては，価格に反映できるものであれば価値評価に反映し，買い手やFAと協議のうえ，交渉の場にあげるかどうかを判断する。一方，定性的な発見事項については，契約条件への反映を検討する。

1　定量的項目の価値評価への反映

①　P/L分析による発見事項の反映方法

P/L分析における発見事項は，DCF法では事業価値算定の発射台となるFCFにおける税引後営業利益の調整として価値評価に反映される。また，類似会社比較法では基礎指標として何を採用するかにもよるが，EBITDAやPERを使用している場合，当該指標の調整として価値評価に反映される。

②　CF分析による発見事項の反映方法

運転資本分析における発見事項は，DCF法では運転資本の増減としてFCFの調整により価値評価に反映される。また，設備投資分析における発見事項は，DCF法では設備投資としてFCFの調整により価値評価に反映される。

③　B/S分析による発見事項の反映方法

B/S分析の結果，滞留在庫等の評価損や減損等を反映した実態B/Sは純資産法における算定基礎となる。また，B/S分析の結果，遊休不動産等の事業外資産や簿外債務等が発見された場合，DCF法，類似会社比較法では事業価値から株主価値を算定する際の調整項目として反映させることを検討する。

④ 事業計画分析による発見事項の反映方法

事業計画分析による発見事項はDCF法では事業価値算定の発射台となるFCFの調整として価値評価に反映される。例えば，事業計画分析を実施した結果，対象会社の売上計画を達成するために十分な設備投資が行われていないといった場合には，設備投資額を修正しFCFの減少分として反映する。

【価値評価への反映】

項　目	DCF法				類似会社比較法 （EBITDA）	純資産法 （時価純資産）
	税引後 営業利 益	運転 資本	設備 投資	ネット デット		
P/L	○				○	
CF		○	○			○
B/S				○	○	○
事業計画	○	○	○		○	

2　契約条件への反映

基準運転資本決定の際には，運転資本分析の分析で検証した運転資本の水準が利用されるなど契約書の価格調整項目において，財務DDの各種分析の発見事項が反映されることがある。

また，財務DDで発見されたリスクのうち定量化できないものについては，契約においてクロージングの前提条件とするまたは表明保証を設定する等のマネジメントを行うことがある。

Q-59　税務DDでの留意点について教えてほしい。

　　M&Aの実施にあたり，対象会社の税務ポジションおよび税務リスクの把握は，買収価格およびストラクチャー検討の観点から非常に重要な事項である。

　対象会社の業種，海外取引の有無，グループ通算制度（連結納税制度）適用の有無，株主構成（ガバナンス体制），想定ストラクチャー等により，調査対象範囲，潜在租税債務リスクの大小等は異なるが，税務DDでは一般的に以下の項目が主な調査対象となる。

(1)　過去の申告調整と課税所得の把握

(2)　税務調査の状況

(3)　関連当事者取引

(4)　過去の組織再編・資本取引

(5)　繰越欠損金の利用可能性

1　過去の申告調整と課税所得の把握

　損益構造をベースとした過去の申告調整事項および課税所得の把握は，対象会社の税務ポジションを把握し，さらには将来の税負担やタックスプランニングを検討するうえで，特に重要な事項となる。また，連結納税グループから離脱する場合や過去にグループ法人税制による譲渡損益の繰延べが行われているような場合には，DDを通じてM&Aの実施に伴う一時的な課税所得への影響額の把握をしておく必要がある。

2　税務調査の状況

　社内の記録や更正決定通知書，修正申告書等から過去の税務調査の実施状況

を確認し，そこでの指摘事項に対する改善状況を把握することで，対象会社における税務コンプライアンス体制の整備状況が把握できる。もし，過去に重要な指摘事項があったにもかかわらず現在も改善されていない場合は，将来の税務調査においても同様の指摘をされる可能性が高く，潜在租税債務として定量化すべきであろう。

3　関連当事者取引

　国内外の関係会社やオーナー株主等の関連当事者間で取引が行われている場合には，その取引条件に恣意性が介入しやすくなり，場合によっては租税回避取引と見なされるケースがあるため，関連当事者間取引の有無，その内容を把握したうえで，取引条件の決定経緯や外部専門家への相談状況について検討しておく必要がある。

4　過去の組織再編・資本取引

　組織再編や資本取引は，税務処理が複雑で，処理誤りがあった際の影響も多額となる場合があるため，その処理の妥当性については必ず確認しておく必要がある。特に，過去に買収した会社についてPMIの一環でグループ内再編を実施している場合，再編時期や再編手法によっては，繰越欠損金の引継ぎや過去から有する繰越欠損金の利用が制限されたりする場合があるため，留意が必要である。

5　繰越欠損金の利用可能性

　繰越欠損金については，将来の税負担を減少させる性質のものであるため，主な発生要因および発生事業年度から残りの繰越期間を把握し，その利用可能性について把握する必要がある。

　特に期限切れ間近で近い将来の消滅が見込まれる場合，タックスプランニングの一環で買収ストラクチャーの変更を検討するようなケースもある。

DDは買い手のものか

　タイトルで「DDは売り手のものでもある」との論旨が見えてしまった。特に，経営者が同時に株主であるケースや，事業会社が一部門を売却する場合などは売り手は自らの事業の内容を知悉しているのに，何でDDを実施するの？ごもっともである。しかしながら，売り手であっても，売却を良い条件でスムーズに進めたいなら，DDを実施すべきだというのが我々の偽らざる本音。「商売のためでしょう？」と思われるかもしれないが，経験的にもそれが結果として売り手の利益になりますと自信をもって言える。

　売り手が事業を売却するにあたり，少しでも有利な条件で取引を終えるためにはどのように手続きを進めればよいだろうか。相対取引ではなくオークション形式で競争環境をつくったほうが良いのはそのとおりだが，形式の問題だけではない。実は，シミュレーションが大変重要なのである。つまり，実際の売却に入る前に，可能な限り予行演習をやってみること。その中で，何が問題になりそうかが具体的に見えてくる。もちろん，候補先を招聘して「とりあえず今回は予行で1回入札をしてみます」というわけにはいかないので，シミュレーションの大部分は机上で行うことになるが，その中でもリアルに実施できる部分がある。それがセルフDD。すなわち，今後売却プロセスが進む場合に，買い手が必ず行うDDをまず自分でやってみるのである。

　その中で，売却を阻害する要因となるものが（売り手や経営者が気づいていないものが）見つかるかもしれない。正常収益力分析を行うことによって，事業の強み・弱みが客観的にわかり，それを事業計画にどのように反映したらより効果的に事業の優位性を訴求できるかがわかるかもしれない。説明の仕方を工夫したりする余地も生まれるかもしれない。良いことずくめである。DDで買い手が指摘してくるポイントが事前にわかるのだから，実際の手続きを開始する前に対策を講じることにもなる。ネガティブなポイントをDD開始後に買い手から指摘されれば値段もたたかれやすいが，事前に売り手側から積極的に開示して対応策まで示したうえで，その前提で金額を検討してくれ，とすればそこまで値段をたたかれることもないかもしれない。

　セルフDDのデメリットは，ない。が，敢えてあげるとすれば，そのために全体行程が少しだけ遅れることと，費用がかかること。しかし，それによってプロセス全体がうまく進むならトータルでみれば絶対お得である。

第 7 章

契約交渉

　M&Aの契約交渉は，その金額規模や経営上の重要な意思決定であることもさることながら，場合によっては役職員の生活へも影響が及ぶことから，非常にタフなものとなる。感情がぶつかり，ときには案件が破談となることもありうる。契約交渉においては，重要な要素があり，この点はぜひ以下のQAにて確認していただきたい。

　その他，契約にあたってはM&A独特の契約条項もあり，クロージングという手続きも存在する。契約条項については，交渉を有利に進めるためにも，契約の全体像を鳥瞰しながら，価格とのセットで交渉していくことがポイントとなる。

　本章では，契約交渉を有利に進める重要な要素や，契約およびクロージングにおける実務的な内容について解説する。

Q-60 交渉はどのように進めればよいか教えてほしい。

A M&Aの交渉に正解はないが，利益相反する売り手と買い手が自らの希望する条件がすべて充足されなければ案件が成立しないというスタンスでは，案件が成立しないのは当然である。したがって，売り手と買い手がそれぞれ何を譲れない条件として認識しているのか（ディールキラーとなりうる条件），あるいはディールキラーとはならないもののできるだけ自社に有利な条件としたいと考えているのか（落とし所のある条件）を明確に区別して，全体を俯瞰しながら交渉を順序立てて進めていくことが案件成立の重要な鍵となる。

1 案件の進捗段階からみた交渉内容

　M&Aの交渉を案件の進捗段階からみて，主として基本合意の段階と最終契約の段階の2つの交渉ステージがある。

① 基本合意段階

　基本合意では買収価格を含む主要な買収条件について法的拘束力はないものの書面で双方が合意することで，買い手は自ら費用を負担してDDを実施することになり，売り手は通常は開示することはない機密情報を買い手に開示するという意思決定が可能となる。

　ここで，買い手・売り手双方にとって非常に重要な条件は，いうまでもなく買収価格である。また，買収価格以外にも買い手または売り手にとって，案件を進めていくうえで非常に重要であると思われる事項についても，この基本合意の段階で案件が成立する前提条件としてあらかじめ確認をしておく必要がある。

　通常は，これらの主要な条件を契約書形式でいきなり交渉するのではなく，

一般的にタームシートと呼ばれる書面を用いて交渉を行うことが望ましい。なぜなら，本来買収価格はそれ自体を他の条件から切り離して交渉するものではなく，他の条件とのパッケージで交渉するべきものだからである。

　例えば，同じ買収価格であっても，その前提となる買収スキームが株式譲渡か事業譲渡かによって買い手が享受できる税務メリットは大きく異なる可能性があり，DDを実施することで買収スキームが変更となった場合に，買い手が「見込んでいた欠損金の引継ぎによる税務メリットを買収価格に織り込んで合意したはずだった」と後で主張しても，交渉上は混乱を招くだけになる。基本合意段階で具体的な買収スキームが決まっていない場合でも，そこで合意された買収価格は何を前提にした価格なのか，を明確にしておく必要がある。

【買収価格の主な前提条件】

☐	買収対象は，売り手と買い手で認識違いがないか（買収対象・買収範囲）
☐	合意された金額は，企業価値か株式価値か
☐	株式価値の場合，いくらの現預金・借入金を前提としているか
☐	対象事業に重大な悪影響を与える事象が見込まれていないか（重要な契約の解除，多額の設備投資，多額の配当など）

② 最終合意段階

　基本合意段階では，買い手は売り手からの限定的な開示情報に基づく検討となるため，開示情報以外については相当程度の前提条件を置いて主要条件を合意せざるを得ない。言い換えれば，基本合意後の最終契約締結に向けたDDは，買い手が基本合意時点で想定した前提条件が果たして正しかったのかどうかを検証するプロセスであると同時に，開示されていなかった新たな情報によって主要条件を変更すべきか否かの検討プロセスといえる。

　DDにおいて，基本合意段階では想定していなかったディールキラーが検出されたか否かをできるだけ早期に把握するため，DD開始から1～2週間程度で中間報告を受け，万が一重大な検出事項が検出された場合は，買い手はタイムリーに売り手に対して根本的な条件変更や検討中止を申し入れるほうがよい。

売り手から大幅な譲歩を引き出せない場合には，少しでも無駄なコストを避けるためDDを途中で中断することもある。

　特段のディールキラーは検出されない場合でも，DDの結果に基づき基本合意した条件から買い手に有利な条件を引き出すための交渉が必要になるのが通常である。

　また，買収価格以外の詳細な諸条件もすべて最終契約書上で取り決めを行う必要があるため，最終合意段階の交渉は基本合意段階と比べて長期に及ぶことが多い。したがって，売り手と買い手で解決すべきイシューの数が多い場合には，この段階でもいきなり契約書を用いた交渉を行うのではなく，タームシートを活用して効率的に交渉を行うこともある。

　いきなり契約書形式を用いて交渉を行う場合，日本では一般的には買い手側が買収契約書をドラフトすることが多い。ただし，買収契約書以外に株主間契約書や業務提携契約書といった多数の契約書が必要となる場合には，売り手と買い手の弁護士が協議のうえ，どちらが何をドラフトするのか役割分担を取り決めることになる。

　最終契約交渉においては，事務方と呼ばれる現場担当者間の協議・交渉で大方の条件をつめることが可能であるが，最終的に重要な判断を必要とする局面においては，トップ間交渉によって決着をみるケースが多い。ただし，最初から「最後はトップ同士で決めてもらおう」といった交渉態度では相手に足下を見られることになるため，事務方は当該案件がいかに重要な案件であるかを相手方に認識させ，常に誠意をもって検討している姿勢を崩さないことが肝要である。つまり，単なるゴネ得を狙って相手から譲歩を引き出そうとするような交渉姿勢は，いわゆる誠実交渉のルール（Good Faith Negotiation）から逸脱する行為として，会社の信頼性に関わる問題に発展する可能性があることを十分に認識しておく必要がある。

　また，交渉においては，当事者である買い手や売り手自身が迂闊に発言した内容は簡単には取り消すことができないと考えておいたほうがよい。つまり，いったん主張したことを捻じ曲げたり，取り消したり，あるいは後出しジャン

ケン的な交渉スタイルは誠実交渉のルールから大きく逸脱することとなる。

　このような事態を回避するためにも，うまくFAを活用して相手方の本音を探りながら落とし所を見出していくといった交渉戦略の立案が重要となる。こうした交渉戦略に基づき，例えば，本来は交渉の場ではないキックオフミーティングにおいて，案件全体を優位に進めていく目的で相手方に何を伝えておくのかを時間をかけて検討することもある。

2　その他の留意事項

　M&Aに交渉におけるその他の留意点として記載しておくので，参考にしていただきたい。

☐	相手が弁護士を同席させる場合には，こちらも必ず弁護士を同席させる
☐	契約書の交渉を弁護士同士のみに任せない
☐	事前にFAと交渉戦略について十分な議論を行う
☐	常に経営トップとコミュニケーションを取りながら交渉を進める
☐	売り手・買い手双方が案件をまとめる意識を強く持つ（もめたときは双方の意識を今一度確認して原点に回帰する）
☐	最後まで粘り強く交渉する強い意志を持つ。ただし，ダラダラとした交渉はNG
☐	大事なイシューをペンディングとして先送りしない意識を双方が持つ

Q-61 SPAの役割について教えてほしい。

A 　一般に，M&A取引は，商業上の取引と違い，取引当事者の事業や財務状況へ広範な影響を与え，当事者双方が考えるリスク項目が異なることが想定される。株式譲渡を前提とすると，M&A取引の買い手と売り手は利害が対立するものであり，価格面や保証面での契約条項を通じて基本的には情報弱者である買い手のリスクを限定させることで，双方のリスク分担機能を司るためにSPAが必要と考えられる。

【利害対立の構図（株式譲渡のケース）】

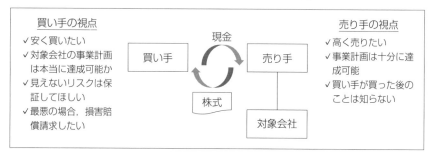

なお，SPAの各条項に関する具体的な説明は，次頁以降のQにて解説し，本Qでは，M&A取引に関する特徴について説明する。

1　M&A取引は当事者への影響が甚大であり，汎用性に乏しい

　M&Aは企業そのものの売買であるため，その取引価格も多額となることが一般的であるし，対象会社の職員に与える影響も大きいことが想定される。通常の商取引と比較すると，各当事者に与える影響が大きいことから，M&Aの契約内容は条項が多く，かつ複雑になりがちである。そのため，契約の各条件については，当事者間で慎重な交渉が求められる。

　また，M&A取引は1つとして同じものはなく，案件の内容や当事者に応じて交渉内容も当然に異なるものとなる。つまり，通常の商取引のように，毎回汎用的に交渉・契約すればいいというものではなく，必ず毎回新たな視点で交渉し，契約内容も毎回カスタマイズが必要である。

　一般的に，M&Aの契約内容は複雑で，毎回カスタマイズが必要なものになるのが通常であるため，法務専門家の関与が必要不可欠になるケースが多い。

2　買い手と売り手には情報の非対称性が存在する

　M&Aの価格は最終的には当事者の価格交渉によって決まるものであるが，交渉にあたっては双方が対象会社の将来計画を想定し，異なる情報量の中，価格目線を合わせに行くことになる。

　SPAには当然価格が記載されることにはなるが，その価格は，買い手にとってみれば，売り手より開示された情報をもとに，買い手としての目線を加えて，交渉により決まったものである。しかし，もしこの売り手より開示された情報に懸念点等がある場合には，本当にその価格で握ってしまっていいのか，不安な点が残るであろう。

　このような場合に，M&Aの契約の条項として，例えば将来の業績指標の達成に基づいて買収対価を支払うような規定を設けたり，売り手が開示している情報が"正しい"ということを売り手が保証することで，もしその後"正しくない"ことが分かった場合には，賠償をするような規定を設けたりすることが行われる。

Q-62　SPAの各項目の内容を教えてほしい。

A　以下の図はSPAの全体イメージであり，さまざまな項目があるが，特に重要な項目は，経済条件，表明保証，誓約事項，補償であるため，当該重要な項目に絞って以下解説する（クロージングに関する事項はQ65にて解説する）。

【SPAの全体イメージ】

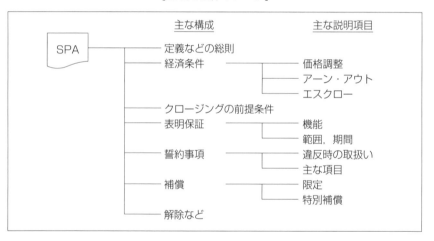

1　経済条件

　買収価格はSPAの最重要項目であるが，その買収価格を調整したり，支払いを遅らせたりするようなテクニカルな条項としては，以下のような条項がある。

【SPAの経済条件に関する条項】

	価格調整	アーン・アウト	エスクロー
内容・定義	価値評価の基準時点（一般的に契約締結前の直近決算日など）から，クロージング時点までのネットデットや運転資本の変動について，当該変動要素を買収価格に織り込むこと	対象会社のクロージング後の一定の財務指標の達成に応じて買い手による追加支払いがなされる規定のこと	買い手が支払うべき対価の一部をエージェントとなる銀行などに預託し，買い手と売り手が合意する条件が達成されるまで，売り手は対価の一部を受領できないようにする手法
利点・条項が設けられるケース	契約締結前の価値評価基準日からクロージング日までの期間が長い場合には，この期間の企業価値の変動を買収対価に反映させるために利用されることがある	対象会社の将来の事業計画の達成について買い手と売り手の見解が分かれる場合や株主である経営陣が会社に残る場合にインセンティブとして支払われるケースなどがある	買い手と売り手が合意するエスクローの条件として，一定期間において売り手の表明保証違反等に伴う補償請求事象が生じていないことを設けることがあるが，これにより，買い手としては補償請求の実効性の確保が可能となるという利点がある
留意点	クロージング日の財務情報の買い手による検証にあたっては，見積り項目などの専門的な判断を要するため，財務専門家を関与させるケースもある	コントロールを保有している買い手または売り手（経営陣に残る場合）が自らのインセンティブのために，事業の運営を操作する可能性も排除できないことから，第三者の財務専門家の関与が不可欠なケースもある	エージェントを利用しなければならないため，追加コストが発生することがある

第3部 M&A実行プロセス

2　表明保証

　当事者の一方が相手方に対して，一定の時点における一定の事実が真実かつ正確であることを表明し保証することであり，とりわけ売り手の対象会社に対する表明保証は非常に重要である。

①　機　能

　Q61でも説明したように，M&Aの当事者同士は利害対立の構図にあり，買い手は一義的には売り手から開示された情報をベースに買収価格その他条件を

検討することになる。この"売り手から開示された情報"が誤っていた場合には，買い手はそのリスクを負うことになるため，あらかじめリスク分担のために，売り手が情報に関する真実性と正確性の保証を行うのが売り手の表明保証である。

　買い手としては，当該売り手の表明保証と関連して，SPAのその他の条項（クロージングの前提条件や誓約事項など）に，売り手の表明保証どおりでなかった場合の規定を設けることで，表明保証の効果を実質的に担保することとなる。

　また，表明保証からの除外事項を売り手と協議する段階で，DD期間に開示されなかった事項を開示させ，価格交渉に反映させる手段ともなりうる。

　なお，売り手の対象会社に対する表明保証の一般的な例示は，次のとおりである。

【売り手の対象会社に対する表明保証の例示】

設　立	適法に設立され有効に存続する会社であること
財務諸表	財務諸表は，公正妥当な会計原則により作成されており，会社の財務内容を正確，適正に反映していること，また財務諸表に示された以外に債務は存在しないこと
税　務	会社は税務当局に適時にかつ正確，完全な税務申告を行っていること
雇　用	会社は労働関連の法令はすべて遵守しており，法令違反に起因する問題は発生しておらず，そのおそれもないこと
法令遵守	会社は法令を遵守しており，事業執行を妨げる事象は発生していないこと

②　範囲，期間

　表明保証事項についても買い手と売り手の間では利害対立の構図が生じる。買い手は多くの情報を売り手に保証させたいし，売り手はこれを限定させたいと思うはずである。このような場合に，表明保証の項目自体の追加や削除で調整する方法のほかに，実務上は以下のような調整が行われる。

【範囲の限定方法】

限定方法	内　容
重要性に基づく限定	表明保証事項に重要性を要求するもの（例えば，"重要な"○○は存在しない，"重要な点において"適正である，など）
認識による範囲の限定	表明保証事項に当事者の認識要件を要求するもの（例えば，売り手の"知る限り"○○は存在しない，売り手の"知り得る限り"○○は存在しない，など） なお，"知る限り"は現に認識を有していることを指し，"知り得る限り"は認識を有していなかったとしても有している可能性があれば足りるという違いがあり，買い手の立場からは"知り得る限り"の方が広い範囲で保証を得ることができる
別紙を用いた限定	表明保証違反となる事実を別紙に記載し，当該別紙において開示した事項については表明保証の対象から除外するもの（例えば，"別紙に記載する事項を除き"○○を遵守している，など） なお，別紙に記載された事項は表明保証の対象外となるため，重要なリスクの一覧となりうる。つまり，買い手からすれば，この除外のために売り手から情報開示を促進させ問題点を把握し，買収価格に反映させることが可能となる

③　表明保証保険

　表明保証の意義は上記のとおりであるが，表明保証違反が判明した場合の買い手の取りうる対応としては，クロージング前に判明した場合には，違反の重大性に応じて①クロージング拒否，②SPA解除，③譲渡価格の減額，④売主へ補償請求といった対応が考えられ，一方で，クロージング後の場合には売主への補償請求が考えられる。

　近時，この補償請求への手当てとして実務上検討が進められているのが，表明保証保険（レプワラ保険とも呼ばれる）である。表明保証保険は，売り手の表明保証違反によって買い手または売り手が被る損害を，保険会社が填補する保険である。

　表明保証の範囲・補償条件については，買い手としてはリスク回避のために最大限の保証をするように売り手に求め，売り手としては売った後に補償請求されることを回避するために最小限の保証とするように要望する。この買い手と売り手との間のギャップを埋め，両者の交渉を円滑にし，交渉不調による

ディールブレイクを回避する機能を有するものが表明保証保険である。

3　誓約事項

　契約締結日以降の当事者の行動を限定する条項である。クロージング前に対象会社の財政状態が著しく変更されないようにすることや，もしくは対象会社の状況を買い手にとって望ましい状態に変更させる目的である。

①　違反時の取扱い

　売り手の誓約事項の違反があった場合には，買い手はクロージング前であればクロージングの前提条件が満たされないことになり買収を取りやめることができるし，クロージング後であったとしても解除権の発生もしくは損害賠償請求の対象とすることができる。

②　主な項目

　クロージング前とクロージング後の誓約事項がある。

【誓約事項の主な項目】

クロージング前	✓株式譲渡承認，CoC条項対応，許認可取得対応などのクロージングのために必要な手続きを実行すること ✓契約締結日からクロージング日までの間，対象会社を従前と同様の通常の業務に従って運営すること ✓対象会社の性質を変更するような行為を行わないこと（従業員の雇用の継続，重要な新規借入の禁止など）
クロージング後	✓売り手の義務として，競業の禁止など ✓買い手の義務として，従業員の人事制度の維持など

4　補　償

　補償とは，当事者の表明保証や誓約事項等の違反がある場合に，相手方当事者の被った損害を補填することである。例えば，表明保証違反に基づく補償については，買収価格算定の前提となっている事実が不正確であったため発生するものであり，買収価格の修正（減額）という機能を有している。

　なお，民法上の債務不履行責任は，当事者に故意または過失がある場合に発

生するが，SPA上の補償責任は当事者の故意または過失がなくとも表明保証違反等が存在すれば発生する点で異なる。

① 限 定

売り手の負う責任が無限定に広がらないようにするため，一般的には以下のような条項を設けることで売り手の責任を限定させる。

【補償の限定】

金額の上限 （cap）	✓責任額に上限を設けること ✓金額を記載することもあれば買収価額の何％という記載をすることもある
金額の下限 （basket）	✓損害額が一定の基準に達した場合だけ補償責任を負うこと（損害額は1つの事由に基づく場合と累積額で考える場合がある） ✓一定の基準を超えた部分だけを補償請求するDeductibleと損害額全額を補償請求するThresholdがある ✓下限の額を上回る損害でなければ重要性がないと考えられるため，下限の額は表明保証違反に関する重要性を事実上定義することとなる
時間の限定	✓補償請求が可能な期間を限定すること ✓買い手としては，買収後の対象会社に対する会計監査を経るまでは，少なくとも期間を確保することが望ましい

② 特別補償

DDを通じて特にリスクの大きい事項が発見されている場合には，一般的な補償に関する条項とは別の規定として，特別補償条項を設けることがある。この場合には，損害額の上限・下限や請求可能期間などについて，通常の補償とは異なる条件を規定することができる。

Q-63 SHAとSPAの相違点およびSHAの各項目の内容を教えてほしい。

A SPA（Share Purchase Agreement）は買い手（新たな株主）と売り手（元の株主）との間の契約のことを指し，SHA（Share Holders Agreement）は株式譲渡実行後の株主間の契約（合弁契約）のことを指す。

100%の株式を取得する株式譲渡ではSPAのみが必要となり，他社と共同保有の形式をとる場合には，SPAだけでなく，SHAが必要となる。M&A後のパートナー間の取り決めであるため，ガバナンスの観点では重要なものとなる。

【SPAとSHA】

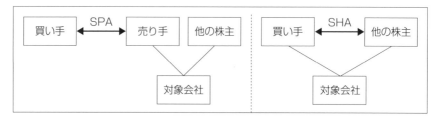

【SHAの全体イメージ】

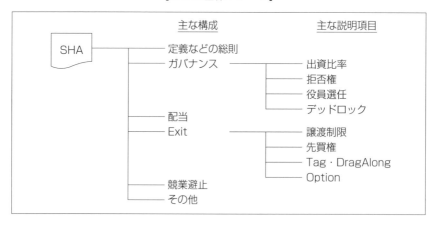

SHAの項目で特に重要な項目は，ガバナンス，配当，Exit，競業避止である。SHAの全体は左頁の図のようになるが，特に重要な項目に絞って解説する。

1　ガバナンス

①　出資比率

対象会社を連結子会社とするか，持分法適用関連会社とするかは，会計だけでなくビジネスの観点でも極めて重要なポイントである。対等の精神での統合であれば，両株主の共同支配とすることも可能である。

②　拒否権

業務運営上重要な事項につき，少数株主にも拒否権を付与することができる。限定的なケースでは，会社法上の特別決議事項程度とすることもあるが，実務上は一定の重要な事項は検討対象となる。

下記は1/3超の議決権を保有することで取得できる株主総会特別決議での拒否権の例示である。これらの事項は1/3超の議決権を保有していればSHAに規定がなくとも拒否権があるということになる。

【会社法の定めによる拒否権事項】

■定款変更
■組織再編行為，重要な事業譲渡
■株式有利発行
■特定の株主からの自己株式の買付け，減資等

SHAにおいては，上記の株主総会特別決議事項に加えて，以下のような重要な事項も追加することが実務上は多い。

【SHAで主に検討される拒否権事項】

■関連当事者との重要な契約の締結
■新株発行，重要な新規借入等
■一定金額以上の投資

> ■重要な資産の処分，譲渡
> ■会計監査人の変更

③　役員選任

通常は出資比率に応じて双方からの役員派遣数が決まるケースが多い。また，代表取締役は多数派株主から選出されることが多い。

なお，会社法第108条における役員選任権付種類株式の制度を利用・規定することにより，少数派（種類株主）に役員選任権を付与することができる。

④　デッドロック

拒否権の行使等により決議事項が決定できず，JVの運営が滞ってしまう状態のことをデッドロックというが，特に対等の精神で共同支配としている場合などにはこの状態に陥ることも多い。このような場合には，合弁当事者の役員または実務者レベルでの協議を実施し，それでも協議がまとまらなかった場合には後述のExitも見据える必要が生じる。

2　配当（経済的取分）

SHAに関連した付随取引契約等が特になく，両株主の経済的取込を配当に依拠する場合には非常に重要な取り決めとなりうる。

①　原則的な考え方

特にSHA上の規定がなければ，株主平等原則に基づき，普通株式の出資割合に基づき平等に受け取るのが原則である。

②　例外の付与

会社法第108条の配当優先種類株式を利用・規定することで，普通株の出資割合や議決権とは異なる取扱いをすることができる。

非公開会社であれば，会社法第109条2項の制度を利用・規定することで，剰余金の配当を受け取る権利を属人的に定めることが可能となる。

3 Exit

　両者による長期的な取り組みという視点を明確化するために，SHA上，相手方当事者の事前同意を経ない株式の譲渡は禁止（株式譲渡制限）されるのが一般的である。ただし，株主のExitの機会を設けるために，SHA上，以下のような株式譲渡制限の例外規定を設けることがある。

【株式譲渡制限の例外】

手　　法	内　　　容
先買権 （First Refusal Right）	✓一方の株主が対象会社の株式を第三者に売却しようとする場合に，相手方株主が優先的に当該株式を買い取ることができる権利
共同売却権 （Tag-along right）	✓相手方株主が対象会社の株式を第三者に売却しようとする場合に，当方が保有する株式も同一条件にて売却することができる権利 ✓少数株主保護の観点からは必要な条項
強制売却権 （Drag-along right）	✓相手方株主が，対象会社の株式を第三者に売却しようとする場合には，当方が保有する対象会社の株式のすべてを同一の条件にて強制的に売却させることができる権利 ✓支配株主のExitのための条項
Call-option	✓相手方株主に対し，一定の条件で相手方株主が保有する対象会社株式の買取りを請求することができる権利 ✓期間や行使事由，買受条件を定めておく必要あり
Put-option	✓相手方株主に対し，一定の条件で自らが保有する対象会社株式の買取りを請求することができる権利 ✓Call同様各種条件を定めておく必要がある

4 競業避止

　SHAにおいては，両株主が対象会社の営業地域において，一定の期間，対象会社と同様の事業を行ってはいけないという競業避止義務が規定されることがある。この場合には，両株主の事業が，将来対象会社が行う可能性のある事業と競合してしまう可能性がある場合には，対象会社の事業を明確に限定しておく必要が生じる。

Q-64 SPAやSHAに関連して同時に検討しなければいけない事項にはどのようなものがあるか教えてほしい。

A 　SPAやSHAの契約検討にあたっては，買収価格以外にも，例えば対象会社の機能に関する事項やヒトに関する事項で検討しなければいけない事項がある。以下では，例をあげて重要な項目に絞って解説する。

1　機能に関する事項

①　TSA（Transition Service Agreement）

　対象会社が売り手からIT等の役務を受けている場合，当該対象会社を買収することで，これらの機能が新株主のもとでも利用できるかどうかのスタンドアロンイシューが存在する。例えば，現在親会社から受けているITの役務提供が重要であり，入れ替えコスト等の理由から代替ができない場合には，買収後も引き続き売り手と業務委託契約を結ぶことがあり，これをTSAという。

【TSAの締結】

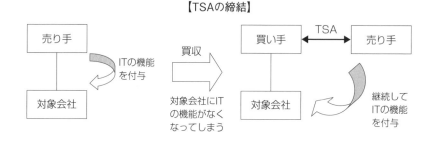

②　関連当事者間の契約

　SHAの締結にあたっては，そのガバナンスの状況や配当による経済的な取込よりも関連当事者間の取引契約が重要視されることがある。

　例えば，JVの目的として，製造・販売を主たる事業とする場合に，両株主と技術ライセンス契約や原料供給契約を結ぶようなことがある。

【関連当事者間の取引契約の例】

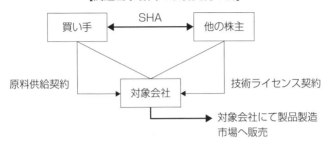

なお，付随契約はSHAと有効期間を同一にすることや，付随契約の違反をSHAの解除事由とすることで，強制力を持たせることが可能となる。

2 ヒトに関する事項

① オーナーとのアドバイザリー契約

事業承継や事業再生にてオーナーから対象会社を買収する際に，これまでの対象会社の収益力がオーナーの営業力に依存しているようなケースがある。買収後は，オーナーは株主ではなくなるが，買収後数年間はオーナーの営業力を継続して利用せざるを得ない場合に，元オーナーを役員として迎え入れるかアドバイザリー契約などを結ぶことがあり，これらの条件を協議する必要がある。

② 出 向

対象会社に元の株主（親会社）から役員や従業員が出向で派遣されていることがある。買収実行後はこれらの出向職員は一般的には元の株主（親会社）に出向戻りするケースが多い。そのため，これらの職員がいたポジションには，そのまま新株主（買い手）の職員が出向で就く必要がある。

DDの段階から，これらの出向職員の人件費や役割を確認し，M&A実行後にはどの役職の人を何名程度派遣するかといった絵姿は検討しておく必要がある。

Q-65　クロージングとは何か，またクロージングにあたっての検討項目を教えてほしい。

A　株式譲渡におけるクロージングとは，売り手から買い手に株式を譲渡し，買い手から売り手に対価を支払うことである。このクロージング手続きをもって対象会社の生み出す利益などの経済的所有権が売り手から買い手に移動することとなり，連結会計上も原則として当該日をもって取得日となる。

サイニングからクロージングにかけては，以下のようなプロセスが必要となる。

【サイニングからクロージングにかけてのプロセス】

1　クロージングの前提条件

クロージングの前提条件とは，これが充足されない限り株式譲渡が実行されないというものであり，また同時に，充足できない場合には取引の解除が可能なことを意味する。買い手と売り手の双方の義務の前提条件があり，主な項目について以下説明する。

【クロージングの前提条件の例示】

項　目	内容または例示	どちらの義務か
表明保証の正確性	相手方の表明保証がクロージング日においても重要な点において真実であること	双方
誓約事項の遵守	相手方が重要な義務（誓約事項等）をすべて遵守していること	双方
許認可の取得	一定の規模*1を超えるM&Aの場合には，買い手による競争法上の届出が必要であり，届出受理後30日間の待機期間が必要となるため，サイニング前に届出を行うような場合を除き，サイニング日とクロージング日は30日間以上の間隔をあける必要が生じる	買い手
CoC条項	売り手がCoCに関する同意を取得すること（ただし，実務上すべてのCoC条項の同意を得るのが困難な場合などについては，クロージングの前提条件とせず，補償で対応することもある）	売り手
MAC条項	サイニング以降，クロージング前に対象会社に重大な悪影響（MAC：Material Adverse Change）が生じていないこと	売り手

*1　①買い手グループの国内売上高が200億円超で，②対象会社及びその子会社の国内売上高合計が50億円超で，③取得後の買い手グループの議決権比率が新たに20％または50％を超える場合

2　クロージング時の検討項目

　クロージング時においては，売り手から買い手への株式の譲渡（対抗要件を具備するため株主名簿の名義書換が必要）と買い手から売り手への譲渡代金の支払いが行われる。会社法においては，株式の譲渡方法や対抗要件は次のように定められている。

【会社法における株式譲渡に関する規定】

	株券不発行会社	株券発行会社
譲渡方法	当事者の意思表示	当事者の意思表示と株券の交付
対抗要件（対会社）	株主名簿の名義書換	株主名簿の名義書換
対抗要件（対第三者）	（※原則，譲渡人と譲受人の共同請求が必要）	株券の所持

　また，会社法上の非公開会社においては，譲渡制限株式の譲渡にあたって，対象会社の承認（取締役会設置会社では取締役会）を要するため，これらは前述したクロージングの前提条件とする必要がある。

　クロージングの直後に売り手の指名による対象会社の役員は辞任し，新たに買い手が指名する役員が選任されることになるため，クロージング直後に臨時株主総会が開催されることも多い。

3　クロージング後の検討項目

①　価格調整条項の検討

　価格調整条項に基づく価格調整メカニズムがSPAにおいて規定されている場合には，買い手はその規定に従いクロージング日のネットデットや運転資本を含むクロージングB/Sを作成することとなる。この時点ではすでに経済的所有権が移転しているため，一義的には買い手がクロージングB/Sを作成し，売り手が当該クロージングB/Sを検証し，価格に関する協議を実施する。

②　クロージングDD

　上記のクロージングB/Sの作成にあたっては，いかなる会計方針で作成するのか，会計上の見積り項目の評価はどうするか，ネットデットや運転資本の定義は何か，など実際の調整作業について専門的な知識を要することが多い。このような場合には，財務アドバイザーによるクロージングDDにより，価格調整項目の妥当性を第三者的視点で確認することが肝要である。

Q-66　案件公表のルールや実務上の取扱いを教えてほしい。

A　　M&Aは取引先を含む利害関係者にとって重要事項であり，その不確実性や定量的な重要性から，市場への適切な説明が必要である。買い手（ここでは上場会社を前提）の目線で見たときには，法令上求められる金融商品取引所における適時開示や臨時報告書の提出に留意が必要であるが，株価への影響等を考えると，法令上のルールにかかわらず，開示の重要性は高い。その他，従業員への開示はモチベーション等にも関係するため慎重に行う必要がある。

【案件公表，開示の種類】

1　適時開示（金融商品取引所）

①　基本合意時

　基本合意の内容に，法的拘束力や具体的な条件面の合意（取引実行の蓋然性）を含んでいる場合には，適時開示の対象となる可能性がある。基本合意の段階で開示することが適切でない場合には，基本合意書の形式を変更し，買い手から売り手への通告書の形式をとるLetter of Interestとするか，基本合意事項の箇条書きであるタームシートにて取引内容を確認するという手段もある。ただし，開示義務の有無については一般論として整理するのは難しいため，事

案に応じた検討が必要である。

②　契約締結時

東京証券取引所における適時開示のルールにおいては，数値基準を定めており，当該数値基準に該当する場合には原則として開示が必要となる。軽微基準に該当すれば開示は任意となるが，関係者への影響も鑑み検討する必要がある。

具体的な数値基準は，東京証券取引所の「会社情報適時開示ガイドブック」等を参照いただきたい。

2　臨時報告書（財務局）

臨時報告書は金融商品取引法において，数値基準での提出事由が定められている。数値基準については概ね適時開示ルールとの整合が図られている部分もあるため，適時開示と同時に検討することが一般的である。

3　従業員への開示

買収対象会社側の従業員にとっては，M&Aに関する情報は，次の経営陣や自分自身の待遇などへの不安が生じ，モチベーション低下からの業績への悪影響ないしM&A自体が困難になってしまう可能性を秘めている。そのため，一般的には，契約締結や案件公表の時期までは控えることが多い。ただし，M&Aプロセスを滞らせない観点からは，業務を熟知しておりDD対応が可能な従業員は基本合意等の段階からインサイダーに加えることも検討すべきである。

買い手側の従業員への開示という点においては，PMIに向けての十分な時間確保のため，基本合意等のプロセスの早い段階から要員をインサイダーに加えることも検討すべきである。

4　取引先への開示

これまでの継続的リレーションの観点から，対外的に公表後，遅滞なく説明に伺うのが望ましい。

M&Aコラム

株価とは

　上場市場における株価は，どれだけ正しくその会社の価値を表しているのだろうか。かつて，交渉の場において，株価から大幅に離れた価値評価額を主張した際に，相手FAから「株価は市場の総意である」という主張を続けられて閉口したことがある。

　市場の総意とはいっても，1日に売り買いしている人は割合的にはその会社の発行済株式総数に対しては1％にも満たないことが多い。もちろん，その場合でも残りの99％超の人はその値段では売らない，買わないという判断をしているという意味では総意ということも言えなくはないが，投資スタンスも長期保有であったり，「今売る理由がない」ので売買に参加しないということもあるだろう。ひょっとすると今日の株価は見ていないかもしれない。半年から1年程度あれば数量的には発行済株式総数と同じぐらいの数の売買が行われる銘柄もあるが，これも株主全員が入れ替わっているわけではない。

　株価は一般にPERやPBRにある程度引きずられ，DCF法やEBITDA倍率から導かれる「理論価格」から乖離するのが普通だ。そもそも株式とは，株主，すなわち会社の所有者としての地位を細分化して表象する有価証券であり，株価とは金融商品としての株式の市場における売買価格。基本的に将来の期待に応じて値付けがされる。その会社の将来に対する期待は何もDCFや類似会社比較法などのみで表現されるものではない。株式市場の参加者にはいろいろな思惑がある。そして，それ以上に重要な要素として，株価は需給に大きく影響される。

　割安に放置されている銘柄の場合は，その銘柄に対する好き嫌いもあるだろうし，何よりもその銘柄が割安になっているという情報が市場に十分行きわたっていないということもある。例えば，PER15倍，PBR1倍だがキャッシュリッチなのでEBITDA倍率でみたら2倍程度しかなかった，というケースもある。ご参考までだが，EBITDA倍率は本来少なくとも5倍以上，成長が期待される企業なら10倍以上も珍しくないという指標である。こういう銘柄はEBITDA倍率まで見ない投資家も多いので一見割安とは気づかず需要が出ない。もっとも，理論的に割安な銘柄であっても，換金機会が市場での売買に限定されている以上，自分以外に需要がなければ結局割安なままなので，割安だからすぐに買おうということにならないのも難しいところであり，株価というもの

の性質がよく表れている点だ。

　もちろん，理論価格よりも高い銘柄もある。その場合，経営者のカリスマが投資家を呼んでいるということもあるかもしれない。一般にスタートアップ企業で期待が先行すると株価は理論価格を大きく離れることが多いが，その銘柄が十分に知れわたり，アナリストがレポートを書くようになると極端な乖離はみられなくなることが多いように思う。

　株価は参考にならないと申し上げているわけではない。特に市場を相手にする類型のM&A取引の場合，まず見るのは株価である。株に本源的価値というものがあるならば，株価は必ずしもそれを常に表すわけではないということを申し上げている。上場市場における株価がもし市場の総意として絶対的に正しいなら，上場会社に関してはValuationの議論は起きない。株価とはそういうものだ。

第**4**部

ポストM&A

第**8**章

PMI

　ともすれば，M&Aはその実行部分にエネルギーが割かれ，実行後のパートナーとしての対象会社との事業運営に対しては燃え尽き症候群的に力が注がれないこともありうる。しかし，忘れないでほしいのは，M&Aは戦略を達成するための手段であって，目的ではないという点である。M&Aを実施したから終わりではなく，M&Aを通じて戦略を成し遂げるのである。その意味では，M&Aにおける最も重要なプロセスは，買収後のPMIということもできる。

　本章では，PMIではどのような作業が必要で，特にポイントとなるような点はどのようなことか，という内容について解説する。

Q-67 PMIとは何か教えてほしい。

A 　PMI（Post Merger Integration）とは，M&A実行前に想定したシナジーを実現させるために，M&A実行後に行う統合活動全般をいい，M&Aの成否を分ける重要な活動である。PMIでは，主に経営戦略，オペレーション，組織風土・文化の統合が行われる。

1　PMIとは

　PMIとは，M&A取引後の統合活動全般のことである。M&Aというと，M&A実施までが重要視されることが多い。確かに，買うべき会社を適正価格より安く買うことも重要ではあるが，M&A実施による利益を享受するのは，あくまで買収価格以上の価値を買収後に生み出すことによってであり，そのための活動がPMIである。PMIは，M&A実行前に想定していたシナジーを実現させるプロセスであるため，PMIの成否がM&Aの成否を分けるといっても過言ではない。

2　PMIで実施される主な内容

　PMIは，M&Aディールのように確立したプロセスや明確な期限が存在するわけではなく，実施内容は案件ごとに異なる。ただ，その中でも，一般的に検討される項目としては，以下の項目がある。

　(1)経営の統合（経営理念，経営戦略）

　(2)オペレーションの統合（人事，組織，情報システム，業務プロセス等）

　(3)組織風土・文化の統合

　特に，(1)経営の統合は，その後の(2)オペレーションの統合，(3)組織風土・文化の統合を実施する基盤となるため，PMIの初期段階で行われる重要な活動で

ある。具体的には，対象会社のマネジメントも巻き込みながら，統合後の経営
戦略および中期計画を作成するとともに，中期計画が確実に実行に移されるた
めに統合後の新しいガバナンス体制の構築が行われる。

3　PMIの一般的なプロセス

PMIは，一般的に以下のプロセスで行われることが多い。

【PMIのプロセスイメージ】

①　DD開始後〜最終契約締結日（Day0）

最終契約締結前でありできることが限られるため，PMIの準備をするのが主
な目的となる。具体的には，ガバナンス方針，統合形態，シナジー効果試算，
プロジェクトの人選等の検討を実施する。

②　最終契約締結日（Day0）〜クロージング日（Day1）

買い手企業と対象会社が共同でPMIを開始できるフェーズであり，PMIプロ
ジェクト体制確立が主な目的である。

③　クロージング日（Day1）〜統合後約100日（Day100）

緊急課題への対応，その他統合課題の洗い出しが主目的となる。分科会の立
ち上げ，統合プランの作成，Day100以降の課題の優先順位づけ等を実施する。

④　統合後約100日（Day100）以降〜統合後1，2年

残る統合課題の解決を優先順位に従って実施していき，統合シナジーの実現
を図ることが主な目的となる。作成した統合プラン，ガバナンス体制の状況を
モニタリングし，随時修正と対応を実施する。

第4部　ポストM&A

Q-68 PMIにおけるシステム統合や人事制度統合での留意点を教えてほしい。

A システム統合では，シナジー実現に向けた統合計画の作成・実行のためのプロジェクト管理が重要であり，人事制度統合では，コストシナジー創出の際に従業員に与える影響について十分留意する必要がある。

1　オペレーションの統合における目的

　システムや人事制度といったオペレーションの統合では，どの部分を統合してどの部分を統合しないかを決め，想定していた統合によるシナジー効果を実現させることが主な目的となる。そのためには，初期段階からプロジェクトを立ち上げて進捗管理していく等，運営体制を事前に整備することが重要となる。

2　PMIにおけるシステム統合の留意点

　システム統合と一言にいっても，簡易な会計システムのみの統合といった比較的取り組みやすいものから，基幹システムの統合といった大規模で複雑なものまで幅広いが，一般的にシステム統合にはコストと時間が相当程度かかる。

　そのため，統合目的の明確化や統合範囲，仕様設計の決定等に関して，想定しているシステム統合のシナジー（例えば，ITコストの削減や業務効率化による収益拡大等）実現のためにも，初期段階からのプロジェクト管理が重要である。

　また，専門知識や経験が必要なため，システム統合等の類似業務経験者や，外部専門家への依頼も含めて検討が必要となる場合が多い。

　システム統合プロセスは案件ごとに異なるが，一般的なプロセス，主な留意点は以下のとおりである。

【システム統合のプロセス，主な留意点】

両社システム理解	・システム環境が異なり，多くのシステム資産を持っていることが多いため，両社のシステムを正確に把握することが容易でない点に留意が必要
統合計画策定	・統合会社の戦略に合致した最適なシステム構築に向け，両社の意向を踏まえながら基本方針を決定し，シナジー実現が可能な統合計画を策定する。中立的視点での評価をベースにして，どううまく合意形成を図るかがポイント
統合実行	・システム稼働のみではなく，ITシナジー実現に向けた体制づくりおよびモニタリング体制の構築が必要な点に留意が必要

第4部 ポストM&A

3　PMIにおける人事制度統合の留意点

　人事制度は，両社の企業文化や価値観が色濃く反映されており，また従業員の処遇に直結する内容である。そのため，人事制度の統合は容易ではないが，M&A後の事業運営にあたり重要な事項であり，慎重に実施すべき事項である。

　PMIにおける人事制度統合にあたっての主な留意点は，以下のとおりである。

①　人事制度統合の目的の共有

　そもそものM&Aの目的・意味合いの共有から，「なぜ人事制度を統合する必要があるのか？」「その効果は？」という問いに対して，十分に議論して社員間で共有する必要がある。

②　シナジー創出（コスト，アップサイド）

　例えば，報酬制度・評価制度の改定による人件費抑制，成果連動型の報酬制度導入による労務費の変動費化・スリム化等のコストシナジーの実現に際しては，不利益変更にあたらないように十分に留意する必要がある。

③　人事領域課題の解決（従来からの課題）

　重要ではあるが緊急度が高くなかった事項について，統合に合わせて実施することが効果的かどうかを検討する必要がある。

┌──┐

M&Aコラム

インサイダー取引

　80年代，銀行の支店勤務だった頃，取引先担当の中に上場企業があった。担当してすぐに上司から言われたことは，「その会社の株を買え」だった。株を買うとその会社に対する関心が高くなっていろいろなことを勉強する，確かそんな話だったが，現代ならインサイダー取引規制の観点からむしろそんなことしないほうが良いのでは？　と誰しも思うはずだ。当時は金融界でもそんな意識だったし，証券会社では，今で言うインサイダーをいち早くつかんで顧客に提供できるかどうかがむしろ優秀な営業マンかどうかの判断基準になっていたように思う。その会社の株はいろいろな言い訳を考えて結局買わなかった。

　その後，世の中ではインサイダー事件に関する報道が増え，事件が起きると法律の改正も行われる。M&Aの仕事に就いた後，不幸なことに仕事で名刺交換をした方が事件を起こし，逮捕されるという出来事も一度ならずあった。この仕事にかかわるようになって30年以上が経過し，今ではインサイダー取引についての理解は当局の努力もありしっかりと広まっているように思う。しかし，それでも何かしら事件は発生する。

　インサイダー取引は見つからずにうまく取引が完了すればそこそこの臨時収入を得られるかもしれない。しかし，見つかってしまった場合には利益だけではなく元本相当部分も没収され（「その取引によって得た財産の没収」となっている），前科がつき，たいがい仕事を続けることは難しくなる。イメージとしては数十万円，百万円か元手次第で数千万円もあるかもしれないが，その利益を得るために一生を棒に振る，そんな感じだ。取引記録は全部電子データで保存され，確認されるのでインサイダー取引は必ず見つかる。

　証券取引等監視委員会は日々の取引を全部みていて，怪しいものは徹底的に調査するそうだ。甘く見てはいけない。本当に全く割の合わない犯罪だと思うのだが，なぜかなくならないのは，「そもそも犯罪だという意識が薄い」のか「必ず見つかる犯罪だということを知らない」のかどちらかだ。「これは素晴らしい情報を得た」，とほくそ笑みながら人に知られないように取引をして利益を得るのだろうから，なんか悪いことをしてるかも？　ぐらいの感覚はあるだろう。見つかるからやらないほうがいいよ，という趣旨ではなく，そもそもやってはいけないことなのだが，犯罪を抑止する一助になればと思い，必ず見つかるからやめたほうがいいですよ，と申し上げておく。

└──┘

第**9**章

M&Aの評価

　自社の戦略実現のために，M&Aを通じて対象会社のブランドや顧客などを取得したいということが，M&Aの目的となることもあるであろう。このようにM&Aを通じて何を買ったかという観点は，M&Aに係る会計処理の過程で示されるのが合理的と考えられる。近年はこれらのPPAと呼ばれるM&Aの会計上の手続きの重要性が増している。背景にはブランドや顧客といった無形資産に対する理解が進んでいる点があるであろう。

　また，残念ながら想定していた買収効果が生まれず，M&Aの失敗と烙印を押されるようなこともある。失敗してしまったM&Aを会計の世界で表現するには，のれんの減損という手続きがなされる。

　M&Aを評価して会計上に表現する上記のプロセスについては，監査法人における重要なチェックポイントとなっているため，その評価にあたっては専門家を利用することが考えられる。

　本章では，PPAとのれんの評価について解説する。

Q-69 PPAとは何か，無形資産評価が重要といわれる理由は何か教えてほしい。

A PPA（Purchase Price Allocation）とは，M&A実施後に行わなければならない会計上の手続きで，買収価格を獲得した資産・負債に配分する手続きである。PPA実施にあたり，今までB/S計上していなかった無形資産についても，一定の要件を満たせば価値評価のうえ資産計上することが求められる。

1　PPAとは

　PPAでは，M&A実施によってどのような資産・負債を，それぞれいくらで手に入れたのかを明確にする目的で，買収価格を獲得した個々の資産・負債に割り当てる。そのためPPAは，M&Aでの買収価格に対する説明機能を担っているといえる。

2　PPAのプロセス

　PPAは，以下のプロセスで実施される。

　まず，B/Sに計上されている資産・負債をそれぞれ公正価値（時価）に基づき評価する。次に，識別可能な無形資産につき，価値評価を実施してB/Sに計上する。最後に，買収価格とB/S計上した額との差額をのれんとして計上する。

　識別可能な無形資産とは，買収前のB/Sに計上されているか否かに関係なく，①契約や法律等の法的権利から生じていること，②分離または区別して売却・譲渡等が可能であること，のいずれか（識別可能要件）を満たす資産をいう。

　上記のとおり，PPAの対象となる資産・負債は，買収時にB/Sに計上されている資産・負債だけでなく，B/Sに計上されていない資産・負債であっても識別可能要件を満たすものは，買収完了後1年以内にB/Sに計上することが求め

【PPAの実施プロセス】

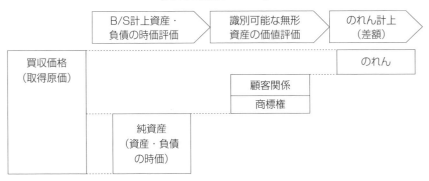

られる。しかし，実務上は四半期決算に合わせて，早期にPPAの準備を進めることが望ましい。そのため，今まで資産計上されていなかった無形資産についても，要件を満たせば価値評価のうえ資産計上する必要が生じる。

また，影響額の把握のため，DD時にプレPPAとして事前検討する実務もある。

3 M&Aで取得される無形資産の主な種類

識別可能な無形資産は，例えば以下のような項目がある。なお，人的資源（従業員の経験・ノウハウ，リーダーシップ，チームワーク，熟練度等）は，識別可能な無形資産として計上することはできず，のれんとして計上される。

【識別可能な無形資産の主な種類（例示）】

無形資産の種類	例示
マーケティング関連	商標，商号，インターネットドメイン名等
顧客関連	顧客リスト，受注残高，顧客契約および関連する顧客関係等
芸術関連	書籍や雑誌，新聞等の文学作品，作曲や作詞，CMソングなどの音楽作品，絵画，写真，映画フィルム等
契約に基づく無形資産	使用許諾，ロイヤルティおよび使用禁止契約，供給契約，リース契約，フランチャイズ契約，雇用契約等
技術に基づく無形資産	特許化されていない技術，取引上の機密等
仕掛研究開発費	研究開発活動の途中段階の成果（最終段階にあるものに限らない）

Q-70　PPAにおける無形資産の評価はどのように行われるのか教えてほしい。

A　　PPAにおける無形資産の評価は，会計処理目的であるため，無形資産の種類・性質をもとに理論上は１つの評価方法・１つの評価額で評価される。実務上，高い専門性や客観性の担保のため，外部の専門家に依頼することが多い。

1　PPAにおける無形資産の評価方法

　M&Aで取得した無形資産は，他の資産と同じく公正価値で評価されるが，上場有価証券のように時価がないため，無形資産ごとの評価が必要となる。

　無形資産の評価方法には，将来収益予測をもとにするインカム・アプローチ，現在の市場価値をもとにするマーケット・アプローチ，過去の調達実績をもとにするコスト・アプローチの３つのアプローチがあり，それぞれ以下の評価方法がある。

【無形資産のアプローチ別の主な評価方法】

インカム・アプローチ	マーケット・アプローチ	コスト・アプローチ
• 利益差分法 • 利益分割法 • 超過収益法 • ロイヤルティ免除法	• 売買取引比較法 • ロイヤルティ免除法 • 利益差分比較法	• 複製原価法 • 再調達原価法

　PPAにおける無形資産の評価は，会計処理目的の評価であることから，M&A取引の意思決定目的のために実施される企業価値評価とは異なり，理論上は採用される評価方法は１つであり，結果，算定される評価額も１つとなる。

　実務上，無形資産の種類・性質をもとに個々のケースごとに都度最適な評価方法を選択することになる。

2 評価方法例 ～マーケティング関連無形資産（商標権）

　特定製品やサービスの商標利用は，商標権に係るライセンス取引として一般的に行われており，ライセンス取引に係る費用（ロイヤルティ）の水準が市場で収集しやすいということから，実務上，商標権はロイヤルティ免除法で評価されることが多い。

　ロイヤルティ免除法とは，商標権を保有していることによって，企業がロイヤルティ支払をどれだけ抑えられるかを算定する方法である（仮に，企業が商標権を所有していなかった場合に，ライセンサーに対し支払わなければならないロイヤルティを見積もる）。

　ロイヤルティ免除法では，ロイヤルティレートの決定が重要となるが，過去のライセンス実績や同業種のロイヤルティレート水準をもとに決定する。

第4部 ポストM&A

【計算例　商標権の評価（ロイヤルティ免除法）】

（前提条件）
ロイヤルティレート：1.0%
商標権の利用可能期間：20年
割引率：12.5%

商標権の評価（ロイヤリティ免除法）

			×1年	×2年	×3年	×4年	×5年	…	×20年
評価対象商標権に関連する売上高			10,000	10,500	11,025	11,576	12,155	…	12,155
ロイヤルティコスト	①	1.0%	100	105	110	116	122	…	122
商標権維持管理コスト									
マーケティングコスト			(1)	(1)	(1)	(1)	(1)	…	(1)
権利維持費			(1)	(1)	(1)	(1)	(1)	…	(1)
計	②		(2)	(2)	(2)	(2)	(2)	…	(2)
商標権取得によるコスト削減額（税引前）			98	103	108	114	120	…	120
税金支出	③	35.0%	(34)	(36)	(38)	(40)	(42)	…	(42)
商標権取得によるコスト削減額（税引後）			64	67	70	74	78	…	78
	④=①+②+③								
現価係数		12.5%	0.9428	0.8381	0.7449	0.6622	0.5886	…	0.1006
割引後CF			60	56	52	49	46	…	8
節税メリット考慮前　商標権の価値			567						

※日本公認会計士協会，会計制度委員会研究資料第4号時価の算定に関する研究資料～非金融商品の時価算定～，平成25年7月9日，P42より引用

Q-71　M&Aの失敗とはどのようなことをいうか教えてほしい。

A　M&Aの"失敗"に明確な定義はないが，リスクが顕在化することにより経営状態または財政状態が著しく悪化することや，期待していた買収効果を生み出せないケースなどといわれることがある。その"失敗"については，あらかじめ一般的に想定される原因を分析することでリスクマネジメントしていけると考えられる。

1　M&Aの失敗とは

一般的には，以下のような点が発生してしまうと失敗といわれることが多い。

①　不十分なDDによるリスクの顕在化

DDの際に十分にリスクの検証ができておらず，買収後以下のようなリスクが顕在化することにより，財政状態が毀損してしまうような状態である。

- ■訴訟・係争事件の発生　■重要な顧客の喪失
- ■簿外債務の発生　　　　■粉飾の発現

②　期待された買収効果の欠如

買収前に自社とのシナジーを検討し，定量化するケースもあると思うが，これらの想定していたシナジーや買収検討時の事業計画に実績が達しないような場合には，期待していた超過収益力は毀損していると判断されることもある。

- ■シナジー創出失敗
- ■事業計画未達

③　「ヒト」のモチベーション低下

①と②は定量化できる項目かもしれないが，「ヒト」に関する部分の定量化は難しい。ただし，先述のようにのれんの構成要素の1つは人的資源，つまり「ヒト」である。下記のようなヒトのモチベーションが低下しているような状

況がある場合には，人的資源としてののれんは毀損していると考えられる。

■マネジメントの動機づけ失敗，経営理念の不一致

■従業員の反発・離職

2 M&Aの失敗の原因

M&Aの失敗の原因について以下の調査結果がある。

【M&Aの失敗原因】

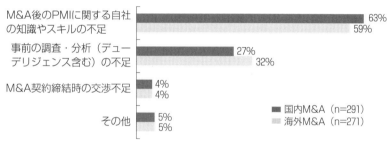

M&Aの失敗原因に関するアンケート結果

- M&A後のPMIに関する自社の知識やスキルの不足 　63% / 59%
- 事前の調査・分析（デューデリジェンス含む）の不足 　27% / 32%
- M&A契約締結時の交渉不足 　4% / 4%
- その他 　5% / 5%

■国内M&A（n=291）
▨海外M&A（n=271）

※フーリハン・ローキー株式会社（旧GCAアドバイザーズ株式会社）「M&Aに関するアンケート」
2016年9月より

　M&Aの失敗原因は，「M&A後のPMIに関する自社の知識やスキルの不足」にあるとの回答が6割を占めた。その他，「事前の調査・分析（DD含む）の不足」が約3割となっている。ここから，PMIやDDへの理解，深度を深めることによって，M&Aの成功確度を改善させる余地がいまだあることがうかがえる。自社のリソースが足りない場合には，PMIやDDに関する専門家を利用することで，これを補うことも有用と思われる。

3 M&Aの失敗による会計的影響

　M&Aに失敗した場合には，買収目的であった無形資産や想定していた超過収益力であるのれんの価値が毀損していると考えられるため，のれんの減損という会計処理を行うこととなる。

Q-72 のれんの評価方法を教えてほしい。

A 　M&Aの成否をモニタリングする機能の1つとして，のれんの減損テストが求められる。前掲のように，M&Aが失敗に終わる場合には，定量的にはのれんの減損処理を行うことになる。我が国における会計基準上，のれんの減損判断は以下の2つの基準の定めに従い実施される。実務上は，金融商品会計基準に従い，買収時の事業計画との乖離状況から減損の要否を判断することが多い。

1　固定資産の減損会計

　株式買収をする場合にはのれんは親会社の連結B/Sに固定資産として計上され，他社を合併や事業譲受により取得する場合にはのれんは個別B/Sに固定資産として計上される。いずれのスキームでも固定資産として計上されることに変わりはなく，固定資産の減損会計の対象となる。

　減損会計のステップとしては，まずはのれんをグルーピングし，その後減損

【固定資産の減損会計におけるのれんのグルーピング】

前提：事業AとBを実施している会社が事業Aを行っている会社を買収

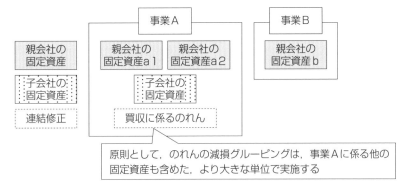

原則として，のれんの減損グルーピングは，事業Aに係る他の固定資産も含めた，より大きな単位で実施する

【固定資産の減損会計における兆候の判定】

会計基準における減損の兆候　　　　想定されるケース

営業損益または営業CF が継続してマイナス	✓ 2期連続して営業赤字 ✓ 2期連続して営業CFがマイナスなど
使用範囲または用途の変更	✓ 事業の廃止または再編成など
経営環境の著しい悪化	✓ 技術革新による著しい陳腐化や特許期間の終了など
市場価格の著しい下落	✓ 保有する不動産価格の著しい下落

の兆候の判定を行う（兆候判定後の詳細は本書では割愛する）。

2　金融商品会計基準（＋連結会計）

　上記の固定資産の減損会計においては，原則としてのれんのみで減損の要否を判定することは行われないが，親会社の単体B/Sにおける子会社株式の評価を通じて，連結B/Sののれんの減損（一時償却）を検討する必要がある。

　特に，超過収益力を反映して純資産よりも高い金額で取得した子会社については，買収時の事業計画の達成状況をモニタリングし，想定していたシナジーが創り出せているか，超過収益力の毀損の端緒はないかなどの，のれんの減損マネジメントをしていかなければならない。

【金融商品会計基準における評価】

子会社株式の種類　　　　　減損を判定するケース・減損額

市場価格のない子会社株式	純資産水準で購入した子会社株式	実質価額（持分時価純資産）が取得原価の50%(*)を下回り，おおむね5年以内に取得原価まで回復しない場合 ⇒実質価額まで減損	いずれの場合も，連結B/Sののれんも減損（一時償却）する
	超過収益力を反映した高い金額で購入した子会社株式	買収時の事業計画から実績が大きく乖離した場合 ⇒超過収益力等を反映した実質価額（実務的には株式価値評価額など）まで減損	
市場価格のある子会社株式		株価が取得原価の50%(*)を下回る場合 ⇒株価まで減損	

＊実務上は30%程度の下落でも引当金などで評価減するケースもある

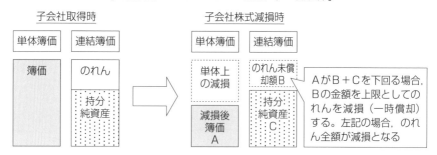

【連結会計におけるのれんの減損（一時償却）】

Q-73 IFRS採用企業が増えているが，IFRS導入で何か変わるか教えてほしい。

A 近年，国際財務報告基準（IFRS）導入（予定含む）企業は増加している。IFRS導入の理由としては，下記の図のように「経営管理への寄与」が約5割を占めているが，注目すべきは「業績の適切な反映」であり，これにはのれんが非償却になることにより，M&Aの実態をより適切に反映するという意見がある。

【IFRS導入の理由】

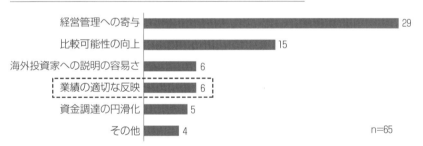

IFRSの任意適用を決定した理由または想定していた主なメリット

経営管理への寄与	29
比較可能性の向上	15
海外投資家への説明の容易さ	6
業績の適切な反映	6
資金調達の円滑化	5
その他	4

n=65

※金融庁「IFRS 適用レポート」2015年4月より

M&Aの評価（モニタリング）の観点からは，IFRS導入で最も影響があるのは，のれんが非償却となり，毎期減損テスト（評価）が求められることである。

【日本基準とIFRSののれんに関する取扱いの違い】

	日本基準	IFRS
のれん償却の有無	20年以内で償却	非償却
のれんの評価	原則として，買収時の事業計画からの乖離を確認	毎期減損テストを実施

第4部 ポストM&A

1　IFRS適用によるM&Aモニタリングへの影響

のれん非償却のほうがM&Aモニタリングの実態を適切に反映できるといわれる所以(ゆえん)は，下記の図のように，M&Aから数年後にのれんの価値が毀損しているようなケースでも，のれん償却説を採用している日本基準では，償却後のれん簿価＜のれん価値となり，減損は不要どころか含み益があるのではないかと判断されてしまう可能性があるためである。

この点，のれん非償却を採用しているIFRSでは，のれん簿価＞のれん価値のため減損が必要となり，M&Aの成否を適切に会計に反映しているといえる。

【IFRS導入によるM&Aモニタリング】

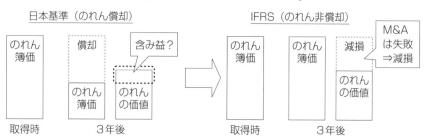

2　世界の動向

①　日本基準

取得したのれんは消耗性資産であり，時間が経つにつれて償却すべきという考えを採用し，一貫して従前からのれんの償却説の立場を取っている。

②　米国基準（USGAAP）

上場企業では，IFRS同様のれんは非償却であるが，非上場企業では2014年12月以降に開始する事業年度に認識されたのれんについては，10年内での償却が選択適用可能となった。

③　IFRS

IFRSをつくっている国際会計基準審議会（IASB）は，のれんの定期償却や減損の処理などを含め，のれんの会計処理の検討を最優先としており，将来的な償却説の導入を示唆している。

M&Aコラム

仮想空間で進むM&A

　デューデリジェンス（DD）を受ける対象会社は，膨大な資料を用意しなくてはならない。定款や株主名簿，履歴事項全部証明書や規程類といった基本的な会社情報のみならず，経営会議や取締役会，株主総会議事録，これらの説明資料と付表，取引先との契約書，財務関係帳簿，許認可や特許・知財一覧，人事情報，…ここで到底書ききれるものではない。

　かつてDDにおいて，これらの資料はすべてコピーか原本での閲覧であった（コピーには大変な手間がかかるので原本を見てくれ，ということも多かった）。分厚いファイル数十冊になるぐらいの分量になるのが普通で，対象会社の中に物理的にデータルームを設置いただき，そこにファイルをずらっと並べていただくスタイルであった。そして，これらの書類をDDを実施する側の当事者である会社の担当者，FA，財務税務調査を行う会計士，法務調査を行う弁護士が閲覧する。各パーティから1名ということはないので，合計して10～20名程度の人間が少なくとも1週間以上，調査に当たる。

　見たい資料は1つだから渋滞が起きるので，その場で見るのは効率が悪い。結局，誰か（たいていはFA）が代表して，主要な資料に関してはコピーを必要部数とって関係者に配布し，その後個別に各人が自らの担当分野で見たいものを見る，そんな進め方が多かった。コピー機は対象会社で用意していただくのだが，旧式のマシンだと目も当てられないので，その懸念があるときは最新式の機器をリースでその期間だけ調達したりもした。

　以前はこのような「物理的データルーム（Physical Data Room, PDR）」が普通だったが，PDRの運営にはいろいろな問題が付随する。当該案件が公表されていればいいが，されていない場合には，会社の中で怪しまれない工夫をしなくてはならない。「経営コンサルタントに会社の経営状態を調査してもらっている」という嘘の説明をしてもらったこともある。そういうときに事情をご存じない社員の方などが，業務のために原本を見に来ることもあり，不自然な対応にならないような演技力も求められた。重要書類が1カ所に集まっているわけだが紛失などあってはならないし，トラブルを避けるため1日の終了時にファイルが全部揃っているかどうか確認していただき，PDRに施錠する。対象会社によっては，お目付け役的な方を設置されるケースもあった。

　これら物理的なDRに対して，バーチャルDR（VDR）というものがある。

情報はWeb上の仮想空間に置かれ，ユーザーはブラウザーを経由してこれらにアクセスする。サービスそのものは90年代には存在していたと記憶しているが，当時はPCのスペックやネットの容量なども今に比べれば稚拙なもので，実用的とは言い難かった。しかしながら，その後のIT環境の発達とともに使い勝手は格段に向上し，気がつけば今日ではPDRを見ることはほぼなくなった。

　対象会社にしてみれば書類を全部PDF化する手間はあるが，オリジナルの書類がすでに電子ファイルで作成・保存されていることも増えているので，PDFならそのままだし，ワードやエクセルなどはPC上でPDF化するほうが印刷してコピーをつくるよりずっと楽だ。また，入札案件でPDRとすると，1社当たり1週間かかるとして，期間的な制約からせいぜい2社ぐらいしか候補者を招聘できないが，VDRならその制約から解放される（とはいっても，QA対応やマネージメントインタビューの段取りなどの制約でそこまで多くできるわけではないが）。

　何といっても，PDRだと9時〜18時といった時間的制約があるのに対してVDRなら24時間好きなときにアクセスできるし，誰が何を見たかのログも確認できる。閲覧者の数も理論的には制約がないので，人海戦術もとりやすい。PDRだと閲覧側でコピーをとった書類の適切な処分に運営側としても気を遣うが，VDRなら，一定期間終了後，ダウンロードしたファイルを開けなくするなどの設定もできる。今ではPDRは本当に見なくなった。

　コロナ禍で面談そのもののバーチャル化も進み，DDもバーチャルならQAインタビューもバーチャルになった。導入始めではいろいろと慣れなくてはならないことも多かったが，1年も使っていると移動の時間がなくなり効率も上がるなどのメリットは相当多いと感じる。現場を見ることやリアルでお会いすることの重要性を忘れてはならないと思うが，海外ではすべてバーチャルで，買い手は一度も現地に足を運ぶことなく取引が完結した事例も出ていると聞く。全部がバーチャルというのも極端な事例のようにも思われるが，両方のやり方を適度にミックスさせて，効率良く進められるとよい。面談の前後で移動の時間を考慮しなくてよくなったのは歓迎すべきだし，気候が厳しい季節だと体への負担が少ないことも歓迎したい。

第5部

会社／事業の売り方

第 10 章

売却戦略

　「選択と集中」という言葉がある。企業は成長戦略の中で，ときには戦略的に事業を売却し，経営資源の再配分，つまりポートフォリオの再構築を進めることもある。「売却」という意思決定は，「買収」よりも重い。これはときに，「撤退」や「リストラ」などの表現で騒がれてしまうためだ。

　この点は個人オーナーも同様である。いずれ自分が育ててきた事業を第三者に承継しなければならないときが訪れるかもしれない。このようなときに，従業員は「見捨てられた」と思ってしまう可能性もある。

　このように，「売却」はその質的重要性から，場合によっては「買収」よりもさらに検討を要することがある。また，「買収」に比べ，ノウハウが蓄積されていないことが多い。

　本章では，上記を解決するため，売却の意思決定をする理由やプロセス上の検討を要する項目，さらには交渉上のポイントまで踏み込んで解説する。

Q-74　なぜ会社は事業部門や子会社を売却するのか教えてほしい。

A　会社が成長・発展していくためには人・もの・お金などの経営資源が必要である。会社は限られた経営資源の中でそれらを効率よく配分し投入していくことで成長・発展していくのである。今後成長や発展が見込まれる事業には経営資源をたくさん投入し，成長や発展が見込まれない分野にはあまり，場合によっては全く経営資源を投入しない。会社は限られた経営を効率的に配分するため事業の選択と集中を行うのである。会社が事業部門や子会社を売却するのは，事業の選択と集中の観点から，ノンコア事業の売却によるコア事業への経営資源の効率的な投入を行うためである。

【事業の売却理由】

事業の選択と集中 ノンコア事業の売却 コア事業への経営資源の投入

1　売却を検討する理由

　まず，会社が事業部門や子会社を売却する場合は，会社そのものあるいはグループ全体での売却とは異なり手元に残る事業がある場合である。

　それぞれの会社には本業ともいうべき核となる事業（コア事業）があるが，一般に売却対象とするのはそのコア事業以外の事業や子会社である。

　また，それぞれの会社では時代とともにコア事業が変わっていく会社もあれば創業から変わらない会社もある。コア事業が複数ある場合やコア事業が今後別の事業に変移していくような場合はコア事業であっても売却の対象となる。

　先に述べたように，会社の経営資源（人材，設備などのもの，お金）は限られており，複数の事業を営む会社は会社を永続的に成長・発展させるために事

業の選択と集中を行い，経営資源を効率的に配分している。これにより，他に振り分けられていた経営資源をコア事業に集中させることができ，より一層の成長が図られると考えられている。

2　ノンコア事業の選別

どのような事業がノンコア事業と位置づけられるのであろう。他の会社に市場での優位性があり，自社の市場でのポジションが相対的に低い場合や市場そのものが縮小傾向にあり今後経営資源を投入しても今以上の成長が見込めない市場にある事業などがノンコア事業と位置づけられる。そのようなノンコア事業は，たとえその事業が現在黒字であっても経営資源が投入されない，あるいは市場そのものが縮小傾向にあるので今後の成長が期待されない。そのようなノンコア事業は，将来的な価値の増加も見込めないので，現在の事業価値である継続価値を上回る買収価格が買い手より提示されるのであれば売却の対象となる。

自社にとってノンコア事業であり，今後の成長が期待できないと予想して事業を売却するが，他の会社にとってはコア事業であるか今後コア事業とするべく，成長の余地があると考え当該事業を買収するのである。会社がノンコア事業を売却しそれを買う会社があるのは，そのような状況があるからである。

3　黒字事業の売却

事業売却や子会社の売却は赤字事業に限ったことではない。ただし，赤字事業は売却により赤字が解消される場合がほとんどであり，売却そのもので黒字転換（赤字からの脱却）が図られる。これに対して，黒字の事業や子会社はノンコア事業だからといってすんなり売却されるわけではなく，売却価格が問題となる。つまり，自らが事業を継続する場合の事業価値を上回る価格であれば売却がなされるのである。

4 事業再編実務指針

　日本企業においては，事業ポートフォリオ検討の必要性について認識が高まりつつあるものの，M&Aと比較すると，事業の切出しに対しては消極的な企業も多く，必ずしも十分に行われていない状況にあった。持続的な成長に向けた事業再編を促進するため，経営陣，取締役会・社外取締役，投資家といった３つのレイヤーを通じて，コーポレートガバナンスを有効に機能させるための具体的な方策について検討が行われ，2020年７月31日に「事業再編実務指針〜事業ポートフォリオと組織の変革に向けて〜」が経済産業省により策定された。

　当該指針においては，事業切出しを円滑に実行するための実務上の工夫についてベストプラクティスとして示している。

【事業再編実務指針の概要】

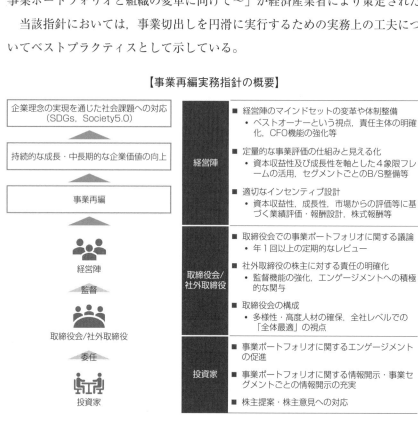

M&Aコラム

利益相反

　記憶が薄れている方も多いと思うが，今世紀初頭にエンロン事件というものがあった。この事件は世の中にいろいろな影響を与えたが，その中の1つに利益相反に関するものがある。

　エンロン事件ではいろいろな利益相反事項が指摘された。日本の会社法でも「会社の業務を執行する取締役が，会社の利益を犠牲にして取締役自身や第三者の利益を図ることの防止」を趣旨として，そのようなおそれのある取締役の行為については取締役会（取締役会設置会社ではない場合は株主総会）への開示と承認が義務付けられている。

　利益相反の問題は至るところにある。他人と利害が一切ない人間などいない。ビジネスの世界ならそもそもが利害関係でのつながりなのでなおさらだ。エージェンシー問題という言葉で調べればいろいろな類型を見ることができるし，構造的な利益相反構造は構造的であるがゆえに完全に解消することはできない。その場合は，実害が生じないように運用上の工夫でその性質と程度をコントロールしていくしかない。

　構造的な利益相反問題はM&Aアドバイザリーの世界にも当然ある。いろいろなものがあるが，典型的には「一方か両方か」問題。すなわち利害関係者のうち売り手，買い手（あるいは対象会社）のいずれか一主体のみを顧客とする方針のアドバイザー（FA）もいれば，売り手，買い手の双方を顧客として両方からフィーを得るFAもいる。グローバルスタンダードは前者であり，FAは顧客の利益最大化のために動く。基本的にコンプライアンスやガバナンスを重視する上場会社はこのスタイルでFAを雇用することが多い。後者は日本のローカルルールで，FAが売り手，買い手両方の利害を調整しながらディール全体をまとめていくというスタイル。売り手，買い手双方がそれで良いと考えれば許容可能で，未上場会社同士のM&A市場ではそのような考え方が少なからず受け入れられている。

　念のために申し上げるが，弊社グループは前者の考え方をコーポレートポリシーとしている。もちろん，確固たる理由があってそのようにしているので，どちらのスタイルでM&Aを進めたら良いのか迷っている当事者は，ご連絡をいただければメリット・デメリットをきちんとご説明申し上げる。

Q-75 事業承継問題とM&Aについて教えてほしい。

A 　事業承継とは，文字どおり現在の経営者が後継者に事業を引き継ぐことをいう。経営者の高齢化が進行している中，経営者の手腕に依存する部分が大きい中小企業においては，後継者への円滑な承継の成否が事業の存続に影響する大きな問題とされている。また，近年ではM&Aを活用した事業承継が増加している。

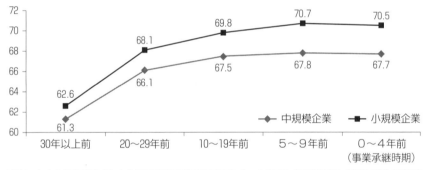

【規模別・事業承継時期別の経営者の平均引退年齢の推移】

出所：中小企業庁委託「中小企業の事業承継に関するアンケート調査」（2012年11月, ㈱野村総合研究所）

　事業承継が円滑に進まず，蓄積された技術・人材等が散逸すれば，事業縮小や廃業の増加，それに伴う雇用機会の喪失につながるため，国も事業承継問題をサポートするべく法整備（中小企業経営承継円滑化法）や公的相談窓口（事業引継ぎ支援センター）の設置等の対応を行っている。

1　事業承継の形態

　中小企業では，これまで親族や社内（役員・従業員）人員への承継が多く行われてきたが，最近ではM&Aを活用したケースが増加している。

【事業承継の形態】

親族への承継	メリット	・早期に決定し準備（経営者としての教育含む）が可能 ・従業員や取引先等の理解が得られやすい
	デメリット	・親族内に適切な後継者がおらず後継予定者に経営権を集中させることが困難となるケース ・複数の相続人がいる場合，親族間での対立等，後継予定者に経営権を集中させることが困難となるケース ・贈与税，相続税等の負担問題
役員・従業員への承継	メリット	・広く社内から適切な候補者を選ぶことが可能 ・経営の一体性確保が可能 ・現経営者が株式売却益を得ることが可能
	デメリット	・資金負担の問題 ・金融借入等の個人保証の承継問題
M&Aによる承継	メリット	・自社の事業とのシナジーが期待できる承継相手先を選択可能 ・現経営者が株式売却益を得ることが可能（対象を広げることでより高い価格での売却機会を得られる）
	デメリット	・自らで承継相手先を見つけることは困難 ・仲介会社や専門家に対するコスト負担が生じる

2　事業承継におけるM&A増加の背景

M&Aを活用した事業承継が増加している背景は以下のとおりである。

(1) 親族や従業員への承継が困難である点

(2) 買い手企業が増加している点

■新規事業や事業拡大に要する時間短縮が可能

■既存の販路，生産拠点等の獲得による市場シェア拡大が可能

■技術・ノウハウ・ブランド・人材等の経営資源の一括獲得が可能

(3) 売り手側にとってM&Aへの抵抗感が薄れてきている点

(4) 仲介・アドバイスする機関，専門家が増加している点

また，中小企業庁が事業承継を検討する中小企業に対して行ったアンケートにおいて，「承継先を探す困難さ」「専門知識の不足」が事業承継における課題として上位にあげられているが，専門家を活用することでこれらの課題が解消可能であることも，M&Aによる事業承継が増加している背景となっている。

Q-76　売却プロセスに際して事前に検討しておく事項として何があるか教えてほしい。

 　売却プロセスを実行に移す前に全体ワークプランを策定し，どのタイミングでどのような手続きが必要となるか，をあらかじめ把握しておく。

1　売却に際しての事前検討項目

売却プロセスに際して事前に検討しておく事項としては，以下の項目があげられる。

①売却の理由についての整理

②売却が本業その他に与える影響分析（定量・定性の両面からの分析）

③売却条件の予備的な検討（予備的な価値評価，売り手にとって重要な売却条件の事前検討）

④想定される買い手候補の予備的検討および買い手の定性面からみた事前評価

⑤売却方法の事前検討（売却スキームの予備的検討，相対かオークション方式か，全部売却か一部継続保有か，等）

⑥社内PJチームの組成（情報を共有する対象メンバー，情報が漏えいした場合の対処方法，等）

⑦FAおよび外部専門家の起用（FA選定の方法・タイミング）（FA起用についてはQ82を参照）

⑧（売却対象が子会社・事業部門の場合）売却対象会社・事業のマネジメントへの説明の方法・タイミング（Q80を参照）

⑨売却にあたっての論点整理（事業分離の場合の切り出し（カーブアウト）の範囲，他の事業との共有資産・サービス機能，表明保証で問題となりう

る事項の有無）

⑩想定されるスケジュール

2　その他の留意事項

①　情報統制について

　会社あるいは事業の売却といった場合は通常ネガティブに捉えられがちである。それがたとえ赤字事業であっても，当該事業に所属する従業員から見れば会社から見限られたイメージであり，新天地で再出発するというように前向きに捉えるものは数少ない。したがって，誰をPJチームに関与させるか，誰にいつ，どのような形で，どのような内容を伝えるかは細心の注意が必要である。

　事業売却のプロセスが長引けば長引くほど，情報が拡散し事業毀損の可能性が高まることに留意し，売却プロセスに入ったらなるべく迅速な売却を心がける。

②　セラーズDD

　売り手にとっては何でもないことであっても，買い手にとっては解決すべき事項や，その事項が取引の中止につながる事項もある。そのような買い手が問題視するような事項を事前に把握する手続きとして，セラーズDDという手続きがある。セラーズDDは，本来買い手がするDDを売り手が専門家に依頼して事前に行い，課題となる事項を把握する手続きである。ここで検出された課題につき，売り手は事前に手当てしたり，対応を考えたりするのである。買い手としての問題事項は売り手自ら把握できない場合もあり，専門家の関与があればより正確な問題把握が可能である（セラーズDDの詳細はQ86参照）。

Q-77 オークション方式について教えてほしい。

A オークション方式とは，特定の買収候補者と個別に交渉するのではなく，買い手を広く募り，入札（オークション）により買収者を決定する方法である。この場合，売却価格を上げられる可能性はあるが，一方ある程度情報が拡散することは覚悟しておかなくてはならない。

1 オークション方式のメリット

オークション方式では，価格面や条件面で買い手候補者同士を競わすことになる。買い手は，常に他の買い手候補を意識した入札を心がける必要がある。売り手には交渉力があり，より良い条件を提示した買収者，より高い価格を提示した買収者を選ぶことが可能である。最も好条件な買収者に売却することで，売り手の役員としては善管注意義務を果たすことができる。

また，オークション方式では，大まかなスケジュールを決めて手続きを行うことになる。ある期限までに資金が必要なときや決算などで売却事業の損益を確定したいときなどは，それに応じたスケジュールを設定して入札を行うことで，それらの実現が可能である。

オークション方式では，相対取引に比べて公明性が確保される。相対取引の場合は交渉相手が限られるが，なぜこの候補者に声をかけたのか，他に候補者がいなかったかなど，候補者の選定段階から疑問が投げかけられる。ところが，オークション方式であれば広く買収者を募り，それぞれ条件の比較を行い，より有利な価格や条件を提示した買収者に売却することが可能となる。一般的に，オークション方式では相対取引に比べて公明性が確保されることになる。

会社更生法や民事再生法など法的整理を申請した会社のスポンサーを募る場合などは，公明性の観点からオークション方式により選定される場合が多い。

オークション方式と相対取引との比較は以下のとおりである。

【オークション方式と相対取引との比較】

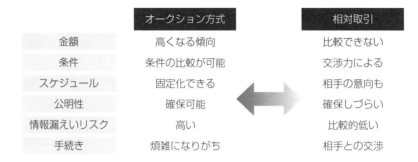

	オークション方式	相対取引
金額	高くなる傾向	比較できない
条件	条件の比較が可能	交渉力による
スケジュール	固定化できる	相手の意向も
公明性	確保可能	確保しづらい
情報漏えいリスク	高い	比較的低い
手続き	煩雑になりがち	相手との交渉

2 オークションのプロセス

一般的なオークションのプロセスは下記のとおりである。

【オークションのプロセス（複数入札ケース）】

事前検討	開示資料作成	一次入札	DD～最終入札	契約，クローズ
■売却対象の特定 ■セラーズDD ■アドバイザーの選定	■スケジュール作成 ■入札案内の作成 ■IMの作成	■候補者とNDA締結 ■入札案内，IM配布 ■入札書の検討，選考	■候補者によるDD受入 ■SPAドラフト ■最終候補者選定	■最終条件交渉 ■クロージング手続き

入札案内にはスケジュールや買い手が提示すべき条件が示される。買い手は決められたスケジュールに従って入札を行うことになる。IMは，おおよその価格や条件などを買い手より提示してもらうために，売り手が用意する会社情報である。買い手は，このIMをもとに価格やそのほかの条件を提示する。

初期の入札では，IMのような簡易な会社情報のみの提示になるが，入札が進むにつれて徐々に重要な情報が提供される。入札が複数回ある場合などは，1次入札以降にDDの実施が可能となる場合が多い。DDでは買い手が必要な情報を入手することになるが，売り手に交渉力がある場合などは買い手に必要な情報がすべて開示されないまま入札が行われることになる。

最終入札では札入れのみ行うこともあるが，個別の交渉になることもある。

Q-78 他社への現金での売却以外にどういう方法があるか教えてほしい。

 A 　事業売却を検討する背景によっては，単純に事業を売却する以外の手法を用いたほうがよいケースがある。

　①IPO（Initial Public Offering），②JV組成，③資本提携といったスキームも考えられるため，自社の戦略を明確にしたうえで，どの手法を用いるべきかを十分に検討する必要がある。

1　選択すべきスキームの検討

【事業売却時に検討するスキーム】

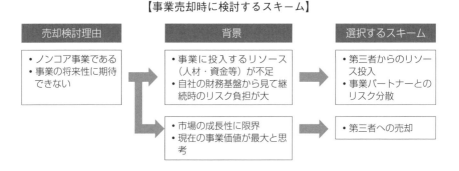

　市場の成長性に限界を感じており，今の事業価値が最大と考えている場合等で，すでに当該事業を継続する意欲を失っているといった事由ではなく，当該事業を継続するうえでの何らかの制約から止むを得ず売却を検討しているといった場合は，IPOや，事業パートナーとなる第三者とのJV，または資本提携の選択可能性も十分に検討する必要がある。

2　各スキーム選択時のメリット・デメリット

①　IPO

　IPOとは未上場会社が自社株式を証券市場において公開し，市場において自由に売買することを可能にすることを指す。

メリット
売出しによる投下資本の回収，経営の独立性確保 社会的な信用力の向上（採用活動にもプラス） 従業員のモチベーション向上（ストックオプション等）
デメリット
意図しない第三者による買収リスク 上場準備コストはもとより上場維持にもコストを要する 市場（株主）に対する開示義務

②　JV組成

　持分の一部を他社に売却（支配の喪失）し，当該他社とJVを組成することを指す。

メリット
他社のアップサイドを共有できる 将来の事業予測が困難な場合，リスク分担が可能 自社リソースを他部門に振り向けることが可能
デメリット
複数の経営陣による意思決定の複雑化 業種によっては同業他社とのJV組成は受注機会の減少となる可能性もあり

③　資本提携

　子会社株式を（一部）売却し，対価として買い手の株式を受け取るような場合には，資本提携のような形になり，双方のアップサイドの共有が可能となる。

第5部　会社／事業の売り方

Q-79 「事業を売却してほしい」と打診されたらどうすればいいか教え
てほしい。

A 　　事業売却を打診された際には，まず自社として対象事業の売却可能
性について検討する。売却可能性の検討にあたっては，以下の点に留
意する必要がある。

【売却打診時の検討ポイント】

対象事業の位置づけの確認	打診を受けている事業はノンコアなのか，戦略的に売却を検討できるのか，確認する
買収条件の確認	価格目線や主要な条件，従業員の雇用条件などについて確認する
他の買い手の有無の確認	打診してきた相手以外に，買収に興味を持ちそうな相手先がいないか確認する
情報開示レベルの確認	（売却できないリスクも鑑み）情報開示する資料のレベルを確認する

　事業売却の経験がない場合は，FAに相談することを勧める。FAは以下に説
明する売却の際に検討すべき事項を整理・指導し，一緒に検討してくれるから
である。

1　対象事業の位置づけの確認

　売却を打診された場合には，その対象事業がノンコアなのか，戦略的に売却
を検討することができるのか確認する必要がある。今後注力していきたい事業
等である場合には，すべての持分の売却というわけにはいかないであろうが，
JVの形で持分を継続するというスキームを選択することはありうるであろう。

2　買収条件の確認

　次に，現状で買い手が考える買収の条件を聞く。買い手が買収しようとする事業に関して公開情報がある場合，買い手はある程度価格など条件の提示が可能であるが，公開情報がない場合，財務情報などの会社情報の開示後に買い手から条件提示させることになる。

　買い手より提示された条件を検討すると同時に，自らが売却する際に優先すべき条件を考える。具体的には，売却の条件として売却価格はいくらがよいか，買収者が誰であるか，あるいは従業員の雇用が継続されるかなどがあげられる。

　買い手が提示した条件と自らが考える条件とに重要な乖離がある場合，早急にその乖離が合意可能なものか否かを検討する必要がある。特に，自らが譲れない条件がある場合は早急に買い手にそれを伝えて，対応可能か検討してもらうのがよい。重要な乖離がある中で案件を進めて，最後に合意できると高をくくっていても最終的に合意に至らないケースもあり，重要な乖離はなるべく早く解決する必要がある。事業売却のプロセスが進むに従い開示する情報，関与者が多くなり，事業毀損の可能性も増大する。

3　他の買い手の有無検討

　売却の検討にあたっては，買収を打診してきた買い手以外の買い手がいないかどうかも検討することが必要である。買い手は他の企業にも買収を打診している可能性もあり，また買い手の都合で案件自体を途中で取りやめることもある。交渉力がなくなると価格やその他の条件で不利になる。交渉力を維持するためにも他の買収候補者がいないか調べてみる必要がある。

4　情報開示レベルの確認

　案件を進めることとなった場合には，買い手に対してどのような情報をどれだけ開示するかを決める必要がある。いくら買収を打診されていても最終的に合意に至らない場合もあり，その場合はいたずらに会社情報を開示したことになる。どのような情報を開示するかは十分検討する必要がある。

Q-80 売却対象となる子会社／事業の当事者への説明上の留意点を教えてほしい。

A 　子会社や事業部門を売却する場合，その成否は対象となる子会社または事業部門の経営層および社員からの協力が不可欠である。前述のとおり，日本では売却といえばネガティブなイメージが先行しがちであり，対象事業の経営陣および社員のモチベーションに多大な影響を与えるため，売却経緯・必要性，売却後の状況・処遇について，できる限り丁寧に時間をかけて説明し協力を取り付けることが重要となる。

1　説明内容

　対象となる子会社／事業の当事者へ説明する内容は一般的には以下のとおりであるが，どのタイミングでどのような説明をするのが望ましいかはケースバイケースであるため，個別状況に応じて慎重に検討する必要がある。

①親会社が売却に至った経緯

②売却の方法・全体スケジュール

③対象事業経営陣が果たすべき役割の明確化（協力の要請）

④FAの起用の有無

⑤PJチーム組成の依頼（情報共有範囲の限定，必要に応じて機密保持の誓約書の提出要請）

⑥当面必要となる作業（IM作成，セラーズDD等）のキックオフ要請

2　説明に際しての留意点

①　対象事業からの協力の取り付け

　売却に至る経緯はさまざまであるが，株主である親会社が事業売却の判断に至った経緯を説明し，対象事業の企業価値，つまり対象事業の経営陣および社

員，取引先等の関係者にとって当該売却がより望ましい方向に進むために必要な経営判断であることの理解を取り付けることが重要となる。稀に売却に対して強い抵抗感を示し，対象事業の経営陣が協力姿勢を見せないケースもあるが，その理由が対象事業経営陣自らの保身や単なる株主変更に対する漠然とした不安感がその根拠となっている場合も多く，合理的な説明をもって粘り強く説得することで，ほとんどのケースで解決できる。協力を取り付ける際の交換条件として，対象会社が希望する特定の買い手を希望したり，自らの身分の保証を要求してくる場合もあるが，合理的に受け入れるものは除き，自らが株主責任を負っている立場を忘れず毅然とした態度で対処する必要がある。

② 潜在的な利益相反と情報統制

親会社によって売却方針が打ち出された後，対象事業の経営陣が継続して当該子会社に所属する場合は，新しい株主の下で自らがより良い処遇を受けるか，という点に興味が行きがちである。売却プロセスが特にオークション方式で行われる場合には，買い手候補間の情報取得合戦の様相を見せることもある。この場合，対象事業の経営者が意中の買い手候補だけに特定の情報を流したりしないよう，監視を強化する必要性があるケースもある。少なくとも，対象事業の経営者が複数の買い手候補に対して，親会社にとって不条理に不利な影響を及ぼすような発言がないように，対象事業の経営陣と買い手候補が対話する場合には，親会社側のメンバー（FAを含む）が同席する必要がある点にも留意が必要である。

第5部　会社／事業の売り方

Q-81　売り手から見た交渉上の留意点を教えてほしい。

　売り手が交渉を有利に進めるためには，買い手を競争環境に置き，他の買い手候補と条件を競わせることが重要である。また，買い手の買収目的や交渉ポイントを把握して，自らの交渉ポイントとすり合わせて譲るところと，押し切るところを使い分けることが有利に交渉を進めるコツになる。

【売り手から見た交渉上の留意点】

買い手を競争環境におけるかの確認	買い手を競争環境に置ければ売り手は交渉力が強まる。もし相対だとしても潜在的な交渉相手がいるように思わせるのも重要である
買い手の交渉ポイントの把握	買い手は買収目的によって交渉の視点や方法が異なるため，買い手側の買収目的を理解することも重要である
価格，条件の交渉	買い手にとっての価値の見方や条件について検討する

1　買い手を競争環境に置けるかの確認

　売り手から見た交渉上の留意点を考える場合，まず，本件につき買い手を競争環境に置けるかどうかを見極める必要がある。買い手を競争環境に置ければ売り手は交渉力が強まり優位な交渉が可能であり，競争環境に置けないと交渉力が弱くなる。ここで競争環境に置くというのは，実際オークション方式のように複数の買い手を競わせる場合や，交渉自体は相対（1対1）であるが売り手にとって潜在的な買い手がいる場合である。潜在的な買い手は実際にいなくても買い手にいるように考えさせるだけで売り手の交渉力は強くなる。

　また，売り手は買い手にエクスクルーシビティ（独占交渉権）を与えるかどうか，与える場合の期限などを検討するが，エクスクルーシビティを与えたか

らといって必ずしも売り手の交渉力を弱めるものではないが，当該権利を付与するにあたって十分な要件が備わっているかは慎重に判断する必要がある。

2　買い手の交渉ポイントの把握

　次に売り手としては買い手の交渉の視点を把握，あるいは理解することが必要である。そのためには，買い手の本件の買収目的を知ることが重要である。買い手は買収目的によって交渉の視点や方法が異なる。売り手として買い手の交渉の視点や方法をある程度予想できれば交渉も有利に進めることができる。

3　価格，条件の交渉

　売り手にとって，事業の価値は対象となる事業や会社が現状のまま運営された場合を想定して算出されるが，買い手は通常，買収後に事業を改善し，利益を増加させるなどして事業価値を増加させる。したがって，買い手は対象事業に関して売り手よりも高い価値を見出しているはずであり，売り手としてはある程度買い手の意思も踏まえ事業価値を高めに修正して考える必要がある（買い手と売り手の価値に対する見方についてはQ20参照）。

　価格以外の条件に関しては，まず売り手として譲れない条件を示し，買い手から提示してほしい条件を尋ねる。売り手として譲れない条件は交渉初期段階から提示し，買い手が受け入れられない場合は交渉を断念することになる。

　買い手がリスクと考える事象につき，売り手に表明保証が求められる場合がある。買い手に表明保証を求められた場合は，当該事象につき売り手としてリスクを確認する。売り手として表明保証はできるだけ排除したいが，リスク（将来的な損失の発生可能性や発生金額）に応じて表明保証を受け入れるか，価格に反映されることになる（表明保証の詳細についてはQ62参照）。

　最後に，売り手は売却プロセスに入った後でも，売却しない選択肢があることを忘れてはならない。

M&Aコラム

実業と虚業

　M&Aのアドバイザーやコンサルタントのような仕事をしている人は，一度は「こんな仕事をしていていいのだろうか」と考えてしまったことはないだろうか。真面目な人ほどその傾向は強いかもしれない。つまり，自分たちの仕事は食料をつくっているわけでもないし，薬や車をつくっているわけでもないし，鉄道を運行させているわけでもない。極端な見方をすれば，パソコンに向かって紙芝居をつくっているだけにしかみえない。何か世の中の役に立っているのだろうか。そんな感覚である。アドバイザーとかコンサルタントといっても，「へー。で，何してるの？」ということになる。

　ある人の話だが，やはり同じような疑問をずっと持っていて，一度実業の世界を経験してみたいと思っていたそうで電力会社に転職した。直接にも間接にも電気を使わない人はいない。自分の会社がつくった電気が世の中の人々の生活基盤を物理的に支えていると思うと，世の中に対して役立っている感は半端ない。部屋の電気を点けるごとに，電車に乗るたびにニンマリし，オフィスの天井の蛍光灯をみてはニヤニヤしていたらしい。もっとも，当然だが自分で発電機を回しているわけではなく，発電所勤務でもない。今までのキャリアがあるから，これも当然のように本社で会社の投資事業を実施する部署の配属であった。そこでは，発電所建設に必要なエンジニアリング事業を他社から買収したり，その中ではキャッシュフロー予測をエンジニアと一緒に作成してDCF評価をやったり，現地のDDを指揮したり，相手方と契約交渉したり，今までの経験を活かしたうえに社内からも頼られ，本当にやりがいのある仕事だったそうだ。しかし，それを聞いて「それ，結局やっていることは一緒なんじゃないの？」と言うと，「実はそうなんだよなあ。個人レベルではたいして変わってないんだよなあ。」ということだった。結局彼は自分がやっていることは誰かから必要とされることであり，虚業だと思う必要はないとの結論に達して，お世話になった電力会社にお詫びを言ってまた元の世界に戻ってきた。そのまま社内FAとして働き続けても良かったのかもしれないが，特定の事業会社の所属ではできる案件の類型にも限りがあるし，自分の実務もやがて陳腐化するだろうと思ったようだ。その道で頼られるようにあり続けるためにはやはりその業界に身をおかないと，と言っていた。

　もし悩んでいる人がいたら，ご参考になればと思います。

第**11**章

売却プロセス

事業の選択と集中を背景に，さまざまな理由から事業売却を検討する企業が増加してきており，その重要性が再認識されてきている。重要性は増してきているものの，これまで売却等をしたことがない企業もまだ多く存在するため，そのノウハウが企業内に蓄積されていないこともありうるであろう。

売却については，その事前準備やプロセスの検討を十分に行うことで，案件をうまく進めることも可能となる。経験豊富な専門家の知見を利用することも１つの選択であろう。

本章では，売却時におけるFA起用のポイント，高く売るためのコツ，売却の事前準備や税務上の検討事項などを解説する。

Q-82　売却時のFAの起用方法について教えてほしい。

A　　会社や事業を売却する場合，その質的重要性からFAを起用することが望ましい。特に，初めてM&Aを行う場合はFAを起用するべきである。FAに対してはさまざまな役割を期待することができ，案件の性質や自社の経験値によってその起用方法は検討すべきである。

1　FAの役割・必要性

売却時におけるFAの役割としては，主に以下のものが考えられる。

【売却時におけるFAの役割】

```
プロジェクトマネジメント
        ↓
   候補者の選定
        ↓
  売却価格の計算
        ↓
売却ストラクチャーの提案
        ↓
  買い手との交渉
```

①　プロジェクトマネジメント

売却手続全体のプロジェクトマネジメントでは，M&A全体の取引においてどのような手続きが行われるのか把握している必要があり，全体スケジュールを作成し，それぞれの手続きにおける役割分担なども行う。特に，FA以外のアドバイザーのアレンジやそれらとのコミュニケーションも重要な役割となる。

② **候補者の選定**

買い手候補者がいない場合は，売却相手を探すためFAに依頼することを勧める。売り手自らが売却相手を探せば，当該事業や会社を売却することが広く知れ渡るおそれがある。FAであれば，売却対象の会社名をある程度伏せたまま買い手候補者にアプローチが可能であり，売却情報がある程度管理できる。

③ **売却価格の計算，売却ストラクチャーの提案**

売却価格の算定や売却ストラクチャーの提案に関しては，案件の複雑さによりFAを選任する。特に，ストラクチャーに関して，複雑なストラクチャーが想定される場合には経験豊富なFAを選任することを勧める。

④ **買い手との交渉**

買い手との交渉に関して，FAをつけずに当事者同士で交渉をする場合がある。当事者同士で交渉することの利点は案件に関する直接的な話ができることであるが，一方で相手方に言ったことは当事者としての意見となり，内容が相手方にとって納得できない場合などは交渉が頓挫する原因となる。FAを使うことにより言い難いことを代わりに言ってもらい，当事者間での直接的な衝突が回避できることに留意する。なお，FAはクライアントのために働くのであり，当事者同士で揉めたとしてもFAを悪者にして交渉を進めることができる。

2 FAの起用方法

FAの役割は案件や経験によって会社でも対応できる部分があり，案件ごとに一部の作業を会社で対応し，できない部分をFAに依頼することもできる。

最後に，FAを選任する場合は，それぞれのFAの業界や同様の案件に関する経験や知識などを吟味して決めればよい。文化の違う海外の会社との案件や交渉そのものが厳しい案件，事業の切り出し（カーブアウト）といった難しい案件などは，ニーズにマッチしたFAを起用する必要がある。売り手の目的やお願いする作業に応じてFAを選任することになる（FAの種類についてはQ12参照）。

Q-83　会社を高く売るにはどのようにしたらいいか教えてほしい。

　会社を高く売るためには，買い手がほしがるような会社でなくては
ならない。

　事業そのものに魅力のある会社は，買い手が勝手に高い価格をつけることに
なり，魅力のない会社は低い価格にしかならない。

　では，そんな魅力のない会社であっても，高く売るためにはどうしたらよい
か。それには，下記のような条件や環境があれば，普通よりも高く売れる場合
がある。

　⑴収益性を改善する

　⑵不確実な要因を排除する

　⑶買い手を競争環境に置く

1　収益性を改善する

　まず，企業の価値はさまざまな要因で決まるが，各買収案件での買収価格は
買い手が何を重視して企業価値を測定するかを把握することである。一般に，
M&Aにおいて企業価値はDCF，つまり企業の収益性で測ることが多い。企業
価値をそれらが有するブランド，ノウハウ，特許などの知的財産の価値で測る
場合もあるが，そもそもこれらの知的財産を獲得する目的は，そこから稼ぎ出
される収益である。つまり，知的財産の価値も結局は収益性で測定されること
になる。

　一般的にはDCFで企業の価値を測定することになるので，利益をより多く
計上する企業がより高い買収価格になる。厳密にいえば，DCFで用いるのは
利益ではなく獲得現金なので，利益とは少し異なる。

　また，DCFでは過去の収益性ではなく将来の収益性で価値が算出されるの

で，過去に利益を計上していることも大事であるが，将来的にも利益が計上されるように収益性を改善し，しかも成長していくような会社にしていくことが大事である。加えて，技術的にはターミナルバリュー（継続価値）が事業価値の大半を占めることから，事業計画において最終年度のキャッシュ・フローをしっかり計上することも重要である。

2　不確実な要因を排除する

　次に，高く売るには不確実な要因をできるだけ排除する必要がある。M&Aにおいて不確実な要因があれば，買い手はそれを価格に反映させるケースが大半である。不確実な要因とは，将来的に損失を被るおそれや，予定していた利益が計上できないような事象をいう。これらの事象は買収後にどのようになるかわからず，買い手にとっては不確実な要因から生じるかもしれない最大のリスクを見積もらざるを得ない。つまり，不確実な要因が多ければ多いほど減額される要因も多くなり，提示価格は低くなる。

3　買い手を競争環境に置く

　最後は，買い手を競争環境に置くことである。

　買い手が1社しかいないと，どうしても買い手は自己にとって有利な価格や条件で交渉を行うことになる。ところが，競合相手がいると，買い手は競争相手に負けないように高い価格や売り手にとって有利な条件を提示する。買い手は自らが買収した場合と買収できなかった場合に加えて，ライバル企業が買収したときのことも考える。ライバル企業が対象会社を買収することは，競合事業にとり脅威である。買収が行われると業界の弱者と強者が入れ替わることもある。買い手が自らの買収条件だけでなく，買収における競合相手の条件も考慮するようになると，売り手にとって有利な価格や条件が引き出せることになる。

　いずれにせよ，魅力のある事業は高く売れるので，自社の事業を魅力ある事業にすることが重要である。

Q-84　買い手はどのように探せばいいか教えてほしい。

A　買い手候補には，ビジネスの川上川下を含めた同業や，金融スポンサーなども想定されるが，自社だけで候補者を見つけるのは難易度が高い。そのため，一般的にはFAを利用して候補者を探すケースが多い。

1　自ら買い手候補者を探す場合

　買い手を探すには，まずどのような先に売却したいのかを考える必要がある。

　自らが売却候補を探そうと思った際に，一番の候補にあがるのは同業の競合企業ではないか。同じ事業を営んでいれば，買収後もスムーズに経営を引き継ぐことが可能である。また，仕入先や販売先など，事業の川上や川下の事業を営んでいる会社も同じ事業のサイクルの中にいるので，これらの会社も事業の引継ぎは比較的スムーズにいくものと考えられる。このように，自らの事業を継続・発展させていくために，同業者や比較的近い事業を営む会社を売却先候補とするのであれば，自分で買い手候補を探すことはそんなに難しいことではない。

2　外部専門家を利用する場合

　譲渡対象事業に興味を示し継続して営んでいくのは同業者だけではなく，思いもよらない企業が対象事業に興味を持つこともありうる。この場合，FAなどに相談して対象事業に興味を示す候補先を探してもらうのも1つである。FAを使うと，ノンネームといって会社名や売却事業の内容を伏せたまま候補先にアプローチすることが可能である。同業者などにアプローチする場合は，売却対象であることがわかった時点で取引先が動揺して事業が毀損する場合もある。FA経由であれば，まずはノンネームで買収の意向が確認できるので，

買収意向のない取引先に売却の意思が伝わるのを回避することができる。買い手候補を探すだけでなく，案件を慎重に進める場合もFAの利用を勧める。

　同業者や仕入先など事業に関連する買収者ではなく，ファンドなど金融スポンサーといわれる買い手候補を探す場合はどうであろう。

　このような金融スポンサーに関しては，よほどの知識がない限り自分で探すのは困難である。金融スポンサーといっても数多くの会社が存在し，その投資スタンスはさまざまである。投資した会社に積極的に関与する会社や何もしない会社，投資スタンスが長期であったり短期であったりといった具合である。その中で，自分の希望に合った金融スポンサーを自ら探すのは至難の業である。

　このように，自分に合った金融スポンサーを探す場合は，特に専門のFAに依頼することを勧める。売却にあたっては自分の希望を伝えて，それに合った金融スポンサーをFAから提案してもらって進めるのがよい。

3　外部専門家に依頼する場合の留意点

　どの組織や金融グループにも属さない独立系のFAであれば，より自分に合った買い手を探してくれる。これはFAがどこかの組織や金融グループに属していれば，どうしてもそのグループのネットワーク内で買い手候補者を探す傾向にあるからである。また，仲介を行うアドバイザーなどは売り手と買い手の双方から報酬をもらうため，買い手候補者の選定も自社内のネットワークで完結させる傾向がある。つまり，買い手候補を探す場合，まずは自社のネットワークや情報を利用し，狭い範囲での候補者選定になる。

　取引先から買収を持ちかけられ，他の買収者を探すこともなく交渉を進めると条件が厳しくなり，他の買収候補者を探しておけばよかったという話がたまにある。初めは友好的に話が進んでいくが，交渉が進んで実務レベルの話になれば相互に交渉が厳しくなってくる。そのときに初めて，いろいろな買収候補者を探しておけばよかったと後悔する。売却の検討を始めた段階において，自社内で買い手候補につき検討すると同時に，FAに相談することもお勧めする。

第5部　会社／事業の売り方

Q-85 IMとは何か，どうやって作成すればいいか教えてほしい。

IMとは，価格や条件などを買い手より提示してもらうために売り手が買い手候補者のために用意する対象会社の情報である。IMには，買い手にとって買収価格や条件がある程度判断できるような水準の情報を記載する必要がある。

1　IMの記載内容

買収候補者は，IMをもとに対象会社の買収価格や条件を提示することになる。したがって，IMの情報は，法的拘束力のない初期的な買収条件を提示させるのに必要な情報でなくてはならない。しかし，それ以上に詳細な機密情報を記載する必要はない。主な記載内容としては以下のとおりである。

【IMの記載内容】

主な記載内容	主な項目
買収対象会社／事業の概要	✓会社概要 ✓役員構成，株主構成，沿革，組織図 ✓事業の内容
買収対象会社／事業の範囲	✓切り出し範囲，手法
買収対象会社／事業の財務情報	✓過去数期間の財務データ ✓設備の状況 ✓事業計画

譲渡対象が会社である場合，株主や役員構成，沿革や事業内容などが記載される。譲渡対象がグループ会社からの切り出し（カーブアウト）である場合，カーブアウトの方法や時期なども記載するのが望ましい。

その他，価格や条件に影響を及ぼす事項はなるべく記載することが望ましい。

例えば，譲渡対象となる株式数（割合），取引後の役員の処遇，譲渡日までに実施することが予定されている重要事項の説明などである。重要な事項には配当の有無，新規事業の開始や既存事業の廃止，主要な取引先との取引の開始や中止，契約内容の変更などがあげられる。

2　IM記載内容の留意事項

　IMには重要な機密事項などを記載する必要はない。重要機密事項は交渉が進んでいく過程で，開示なしで交渉が進まないときに開示すれば足りる。あるいは，どうしても開示できない場合は，開示がない状況で価格や条件を提示してもらうことも可能である（情報がない中での提示になり，売り手に不利な提示になることは避けられないが，許容せざるを得ない）。

　開示情報は必要最小限にとどめたいが，あまりに情報が少ないと，悪い価格や条件でしか提示がされなかったり，次のステップで新たな情報が出てきたときに，最初の提示と極端に乖離した価格や条件が提示されたりする場合がある。

　また，IMを作成するのは入札取引の場合が多い。そのため，IMは数多くの買い手に配布されることが前提である。競合先が買い手の場合，競合である対象会社の情報を入手してしまえば，自社の経営のために対象会社の情報を用いることが可能である。言い換えれば，競合先は買う気がなくても買収プロセスに参加することによりIMに記載の対象会社の情報が手に入るのである。

　つまり，IMに記載する情報は，どのような候補者に配布されるのかを見越して作成する必要がある。競合先が買収候補者になる可能性がある場合，IMの情報にどのような機密情報を含むか慎重に検討しなければならない。

　このように考えた場合，IMの作成は専門家であるFAに依頼するのが一番良いといえる。経験豊富なFAであれば，どのような情報が買収候補者にとって必要であり，どのような情報をどこまで開示するのか，競合などに見せてはいけない情報が何かがおおむね判断できる。

Q-86　セラーズDDとは何か教えてほしい。

A　　セラーズDDとは，売却対象会社・事業の売却価格の最大化を目的として実施される，売り手に対するDDのことである。セラーズDDの実施により，買い手の視点による売却対象会社・事業のリスクや課題を事前に把握し，対応策を検討することができ，売却プロセスを有利に進めることが可能となる。

1　セラーズDDの重要性

　セラーズDDとは，売り手からの依頼により，売却対象会社・事業の売却価格の最大化を目的として，売り手が有利かつ円滑に売却プロセスを実行するために，売り手側に対して行うDDのことをいう。

　買い手側のDDに比べて，セラーズDDの重要性について必ずしも理解されていないのが現状であるが，セラーズDDの実施には以下のメリットがある。

【セラーズDDのメリット】

① 売却の障害となる問題点の事前把握
② 買い手によるDD期間の短縮
③ 売り手の開示情報に対する信頼性の向上

- 売却価格の最大化
- プロセスの効率化

①　売却の障害となる問題点の事前把握

　買い手と同じ目線での調査により，買い手が発見するであろう問題点を事前に把握できる。把握した問題点の中で売却の障害となるものが発見された場合，事前に対応策を検討することで，売却プロセスを主体的に行うことができる。特に，カーブアウト等の複雑な案件の場合，事前の調査が有用となる。

② 買い手によるDD期間の短縮

セラーズDDでは，買い手目線でリスクの把握や開示情報の整合性確認等を行うため，買い手DDへの対応や買い手との交渉を効率的に行うことが可能となり，結果，プロセス期間の短縮につながる。

③ 売り手の開示情報に対する信頼性の向上

セラーズDDでは，買い手に対する情報開示に備えて開示情報の整合性の確認を実施するため，売り手の開示情報に対する買い手の信頼性が高まることで，売り手の提案が受け入れられやすくなると同時に，開示情報の不確実性を原因とする価格のディスカウント等を軽減することができる。

2　セラーズDDのプロセスと主な実施内容

セラーズDDは，以下の図のように売却プロセスに沿って初期段階から実施される。売却準備までの段階では，秘密保持の観点から売り手側の担当者も少数であることが多く，相当程度に負荷がかかること想定されるため，セラーズDD実施者との調整を踏まえ効率的に実施する必要がある。

【売却プロセスとセラーズDDでの主な実施事項】

売却対象初期評価	・売却対象の初期的評価に必要な情報の収集・調査
売却戦略立案	・売却対象が抱えるリスクの洗い出し，問題点の把握 ・問題点への対処方法の検討
売却準備	・開示資料の範囲検討 ・IM作成に必要な情報提供，開示資料の整合性確認
売却実行	・買い手DDへの開示資料の整合性確認 ・契約締結時のサポート（売却価格，価格調整条項等）

Q-87 売却にあたって，価値評価を行ううえでの留意点があれば教えてほしい。

A 売却時の価値評価は，売却対象の価値を適切に把握し，買い手との交渉を有利に進め，結果として売却価格を最大化することを目的としているため，価値評価の基礎となるデータの整備が特に重要となる。

また，いくらなら売っていいのか，という価格目線を持つことが重要であり，交渉の競争環境によっては必ずしも高い金額では売れないこともあるため，売り手が事業を継続保有する場合のダウンサイドシナリオに基づく評価が売却目線として大きな基準になる。

1 売却時の価値評価の目的

売却時の価値評価の主な目的は，売却対象会社・事業の価値を適切に把握し，買い手との交渉を有利に進め，結果として売却価格を最大化することにある。そもそも「売却対象の価値がいくらぐらいか？」をできるだけ正確に捉えておかなければ，交渉時に拠り所とする価格感があいまいになり，交渉上不利となることが多いため，プロセスの早い段階から準備することが望まれる。

2 売却時の価値評価の留意点

売却時の価値評価の手法自体は，基本的に買収時と同じであるが，売り手と買い手という立場の違いにより，価値評価で留意するポイントが変わってくる。

① 価値評価の基礎となるデータの整備

価値評価は，事業計画や過去の収益性等のデータを基礎として行われることから，後に買い手にもDDで検証されることになるため，事前にその妥当性，他のデータとの整合性を確認しておく必要がある。

買い手にとっては，売り手とは違い，当然ながら売り手からの開示情報しか

受け取ることができず（情報の非対称性），それらの情報をもとに価値評価を行わざるを得ない。そのため，開示するデータに不整合等が買い手のDDで発見された場合，リスクとして価値を減額して評価する可能性があることから，データの整備はとても重要な意味を持つ。

価値評価の基礎となるデータには，主に以下のようなものがある。

【価値評価の基礎となるデータ（例示）】

分類	データの内容
収益性関連	• 過去・現在の売上・粗利益推移（事業別，製品別，顧客別等） • 事業計画およびその作成前提（売上の構成要素の推移予測に関するデータや費用の考え方等）
運転資本関連	債権債務，在庫等の過去推移，資産性の検討状況に関するデータ等
設備投資関連	過去の設備投資の内容，今後の設備投資予定に関するデータ等
有利子負債関連	借入金残高，有利子負債類似項目に関するデータ等
その他	その他B/S項目，税金関連，CFに影響を与える項目に関するデータ

特に，収益性関連のデータは，価値評価に与える影響が大きい項目であるため，過去・現在の収益性では，例えば収益力に影響を与えた項目（EBITDA調整項目）に関する資料，事業計画では，実現可能性，過去との整合性，予算と実績との差異理由に関する資料等について，準備しておく必要がある。

② **スタンドアロンイシューの事前把握**

①にも関連するが，売却時には，グループ離脱による取引関係の変化（スタンドアロンイシュー）が発生することが多い。スタンドアロンイシューは，買い手DDでの主要調査項目になることが多いため，事前の準備が必要である。

③ **価値評価時のシナリオ分析**

価値評価は，洗い出したリスクを織り込んで行われるが，特に売上の実現可能性について外部環境の影響を受けるため，複数のシナリオ（例えばポジティブ，通常，ネガティブ等）を想定して価値評価を行い，最終的には価値評価はレンジで算定しておく必要がある。このレンジが，そのまま売り手として交渉で許容できる売却価格のレンジを意味することになるからである。

第5部　会社／事業の売り方

Q-88　買い手によるDDを受け入れるにあたっての留意点を教えてほしい。

A　買い手によるDDの受入れにあたっては，売り手側が主導的にプロセスをコントロールすることが重要であり，DDプロセスの設計，情報管理体制の構築，開示資料の準備・開示範囲の決定等に留意する必要がある。

1　売り手側によるDDプロセスのコントロール

　買い手によるDDは，各種専門家を利用して短期間で集中的に行われることが通常である。それに対して，受け入れ側の売り手では，秘密保持の観点から限られた人数で買い手の依頼に対応する必要があるため，買い手からの依頼を受け身で対応するのではなく，売り手が主導権を取りプロセスをコントロールし，効率的かつ円滑に進める必要がある。そのため，事前に可能な限りプロセスを想定して準備しておくことが重要である。

2　買い手によるDD受け入れ時の留意点

　売り手側がDDプロセスを主導的にコントロールする際，以下の点に留意する必要がある。

①　DDプロセスの設計

　(1) スケジュール・進め方の決定

　　DDプロセスのスケジュールや進め方について，売り手側で事前に決定しておき，それを買い手に提案することで，売り手側が進めやすく必要最低限の作業で済むプロセスを組むことが可能となる。

　(2) DD対応メンバーの選定，役割の明確化

　　DD対応は短期間でとても負荷がかかる業務であるため，作業を効率化するために，事前にDD対応メンバーを選定し，その役割を明確化してお

く必要がある。特に，買い手との対応窓口を担当するメンバーは，情報を一元化する重要な役割となるため，経験者を置くことが望ましい。なお，DD対応時には案件がクローズドで対応人員がごく少数となる場合が多いため，必要に応じて，FAやセラーズDD実施者を利用して対応するのが効果的である。

② 情報管理体制の構築

M&Aに関する情報は，今後の会社経営にかかわる重要な情報であることが多く，仮に案件情報が漏れた場合，案件の成否に影響する可能性があるため，情報管理は徹底する必要がある。

対内的には，社内での情報管理体制の構築（情報取扱いルールの決定，情報を開示する社員の限定等），対外的には，買い手の守秘義務遵守のための対応（守秘義務契約締結，買い手DD時のデータルーム管理）の対策が必要である。

③ 開示資料の準備，開示範囲の決定

通常，買い手DDで依頼される資料は量が多いため，開始してから準備したのでは当初想定していたスケジュール内では間に合わないことが多く，可能な限り想定される資料を事前に準備しておくことが重要である。

資料の準備に伴い，買い手に開示される情報には，すべて適切な根拠が求められることになるため，「どの資料をどの程度開示するか？」といった開示方針について，事前に決めておく必要がある。その際，買い手目線で，買い手の想定される反応について十分に検討する必要がある。

開示する資料は，基本的に，社内にすでにある資料での対応で問題ないが，売却により発生するスタンドアロンイシューに関するデータ等，既存資料はないが買い手による案件検討に必須の情報については，事前に作成しておく必要がある。特に，カーブアウト案件の場合は，売却対象範囲が複雑になることが多いため，事前の対応が必要となる。

なお，買い手が競合先である場合には，重要機密事項を含む情報の開示には留意が必要である。

Q-89　法人株主の税引後手取額を最大化する方法（法人株主の手取額の算定方法）を教えてほしい。

A　法人株主が，子会社株式を売却する場合において，対価の一部を事前に配当として受け取ることで，法人税法上の受取配当金の益金不算入制度のメリットを享受できれば，単純な株式譲渡の場合と比較して，税負担が少なくなり結果的に手取額が多くなる。そのため，株式譲渡前に分配可能額まで配当を受けたうえで売却するケースが多く見られる。

1　受取配当金の益金不算入制度とは

　課税済の利益剰余金を原資とする受取配当金は，支払を受ける法人株主段階でさらに法人税を課税すると，1つの所得に法人税が二重課税されてしまうため，法人税法上，受取配当金の益金不算入の規定が設けられており，税務上の収益である益金の額から除外することとされている。

　なお，受取配当金の益金不算入制度では，持分比率等に基づく4区分に応じて益金不算入額が定められている。

【受取配当金の益金不算入制度の概要】

【保有割合区分別 受取配当金の益金不算入額】

保有割合等		益金不算入額
①	100%（完全子法人株式等） （配当計算期間を通じて継続保有）	受取配当金の全額
②	1/3超100%未満（関連法人株式等） （配当基準日以前6カ月間継続保有）	受取配当金－負債利子控除
③	5%超1/3以下（その他株式等）	受取配当金×50%
④	5%以下（非支配目的株式等）	受取配当金×20%

　なお，グループ通算制度への移行に合わせて，単体納税制度における保有割合の判定方法および負債利子控除の算定方法につき，令和2年度税制改正で変更になっているため注意が必要である（2022年4月1日以後開始事業年度から適用）。

　保有割合の判定方法について，改正前は①完全子法人株式等の場合のみ，直接保有している法人（「直接保有法人」という）の持株比率だけでなく，直接保有法人と完全支配関係がある法人の持株比率も合算して判定することとなっていたが，令和2年度税制改正によりその対象が拡大し，②関連法人株式等および④非支配目的株式等についても，直接保有法人と完全支配関係がある法人の持株比率を合算して保有割合を判定することとなった。

　また，負債利子控除の算定方法について，改正前は原則法または簡便法の選択により計算されていたが，改正後は一律で受取配当金額の4%相当額（ただし，配当を受取った事業年度における支払負債利子等の10%相当額が上限）として計算する方法に変更されている。

2　配当を組み合わせたスキーム具体例

　前提条件：・対象会社株式評価額200

　　　　　　・対象会社利益剰余金170

　　　　　　・対象会社株式簿価10

　　　　　　・法人株主が対象会社株式を100%保有

第5部　会社／事業の売り方

　　　　　　・法人実効税率30%

■株式譲渡の場合の税負担額：（株式評価額200 − 株式簿価10）×30% = 57

■配当（170）実施後，30（200 − 170）にて株式譲渡した場合の税負担額

　　　　　　・配当時　170は益金不算入

　　　　　　・株式譲渡時　｜(200 − 170) − 10｜×30% = 6

3　事前配当＋株式売却スキームの留意点

　令和2年度税制改正により，子会社からの配当額が親会社保有の株式簿価の10%を越える場合で，一定の条件[16]に該当するときは，配当等の益金不算入相当額が株式簿価から差引かれることとなった。そのため，ケースによっては，子会社株式売却後の税負担が事前配当を実施しない場合と変わらない結果になることがあるため，慎重な検討が必要である。

　また，法人株主がグループ通算制度適用法人である場合，子会社株式売却時に投資簿価修正が行われ，配当額と同額が株式簿価から減額されるため，税負担は配当前と変わらない結果になる点にも留意が必要である。

16　例えば，設立日から50%超の支配関係発生日までの間に，90%以上の株式等を内国法人／居住者等に保有されている法人や，50%超の支配関係発生日から10年経過した法人は対象から除外されている。

Q-90 オーナー持分の売却に伴う税務上の留意点を教えてほしい（個人オーナーの手取額の算定方法を含む）。

A 個人オーナーがM&Aの売り手となる場合，所得税が課税されるが，スキームによって所得区分が異なり，税負担に差異が生じ，結果として手取額に影響を及ぼすこととなるため，それぞれのケースに応じた税負担を把握する必要がある。なお，対価の一部を退職金として受け取るケースについては，Q91参照。

1 所得税法上の所得区分と課税方法

　所得税の課税方法には，所得を10種類に区分したうえで，それぞれの所得を合計（総合）してから税率が課されるもの（総合課税）と，分けて（分離）税率が課されるもの（分離課税）がある。

　前者の総合課税の対象には，給与所得，配当所得，事業所得，不動産所得等が該当し，退職所得や株式譲渡所得は分離課税とされている。なお，分離課税とされている株式譲渡所得に対する適用税率は，20.315％（所得税15％，住民税5％，復興税0.315％）となっている。

2 総合課税と累進税率

　所得税法は，分離課税となる一部の所得を除き，税率5％〜45％の超過累進課税制度を採用しており，所得金額が大きいほど，高い税率が適用される仕組みとなっている。

　そのため，オーナー持分の売却対価を総合課税の対象となる配当所得で受領する場合には，給与所得等，総合課税の対象となる所得の状況も把握したうえで，当該配当所得について適用される税率を確認し，実際の税負担額を計算する必要がある。

　なお，多くの場合，M&Aにおける売却対価は金額が多額になることから，配当所得で受領する場合には，課税所得が4,000万円超の部分に該当する最高税率（45%，住民税および復興税込みで55.945%）が適用される可能性が高い。

3　オーナー持分売却時の留意点

　個人オーナーがM&Aの売り手となる場合において，株式を譲渡対象とせず，①法人事業の売却，②法人税課税済利益の配当，という2段階ステップを踏むと，法人段階でその含み益に対し法人実効税率（約30%）で法人課税がなされ，法人税課税済利益を原資とした配当に対しさらに最高45%（住民税および復興税込みで55.945%）の税率で所得税が課されることとなるため，場合によってはオーナー個人の税引き後ベースの手取り額は売却価額の3割程度にとどまってしまうことがある。法人税と所得税の二重課税を排除する仕組みとして，所得税法上「配当控除」制度が用意されているが，実際には二重課税の排除はごく一部に限られており，住民税込みで50%弱の所得税負担は覚悟しておく必要がある。

　したがって，個人オーナーがM&Aの売り手となる場合は，所得金額の多寡にかかわらず，相対的に低い固定税率（20.315%）が適用される株式譲渡益（株式譲渡所得）として分離課税を受ける株式譲渡スキームを志向することが圧倒的に多い。

Q-91　役員退職金の活用スキームについて教えてほしい。

 オーナーが会社を売却する場合，Q90のとおり譲渡所得のほうが税負担が小さいため，一般的に株式譲渡スキームが志向される。

なお，売却に伴いオーナーが役員を退任するケースがあるが，このとき，買収対価を株式対価と役員退職金との組合せで支払うことにより対象会社での節税効果を享受し，その効果を買い手および売り手でシェアすることで双方でメリットを享受できる場合がある。

1　オーナー側（売り手）の課税

個人オーナーが非上場株式を譲渡する場合，株式譲渡益については，申告分離課税で20％の税負担となる。一方で，退職所得は，給与所得と同様に累進課税であるものの，分離課税の対象であり，加えて勤続年数に応じた退職所得控除があること，かつ退職金から退職所得控除を差し引いた額の1／2（役員等勤続年数が5年以下の場合を除く）が課税標準とされることから，おおむね退職金額の20％強程度の税負担となることが多い。

2　対象会社での税務メリット

役員退職金は，対象会社において，過大部分を除いて，損金の額に算入されるため，買い手側も税務メリットを享受することができる[17]。

ただし，オーナーの能力や取引先との関係等により，買収後一定期間役員として残留してもらうような場合に退職前に退職金相当額を支払うと，役員賞与

17　過大役員退職金の判定には，一般に功績倍率法が採用されており，不相当に過大な部分は，支払を受けるオーナー側では退職所得となるものの，支払会社側では損金の額に算入されない。

として損金算入されないうえ，オーナー個人側も通常の給与所得として課税されてしまう点には留意する必要がある。

> 最終月額報酬×勤続年数×功績倍率（一般的に1～3倍）

3　具体例（前提条件）

対象会社株式の譲渡価格：10億円（取得価格：1億円）

役員退職金：3億円（2.5百万円×40年×功績倍率3倍）

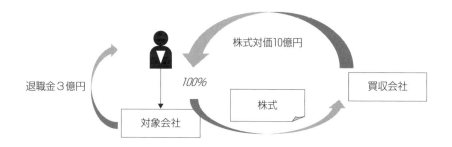

■オーナー（売り手）

(1)退職金に係る税金

　（3億－(8,000千円＋(40年－20年)×700千円))×1／2×55％＝約76百万円

(2)株式譲渡益に係る税金

　（10億－1億円)×20％＝180百万円

　合計　256百万円　（所得税＋住民税）

■対象会社（退職金の損金算入に係る節税効果）

　3億円×30％＝90百万円

　仮に対価のすべてを株式の譲渡対価13億円（10億円＋3億円）とした場合には，オーナー側で240百万円（(13億円－1億円)×20％）の納税負担となるが，対象会社で損金算入の節税効果は享受できない。

　このように，売り手オーナー側は，退職金の有無によって税負担が大きく変動するものではないが，対象会社で見込まれる節税効果の一部シェアにより手取額アップが図れる可能性がある。

M&Aコラム

Valuationあれこれ

　今も昔もValuationの手法といえばDCF，COMPS（類似会社比較法），加えて時価純資産法が基本だが，どの手法をどのように当てはめるのか？　評価者の技量が試される重要なポイントである。

　今からもう20年か，いやもっと前か，一時期，三手法すべての計算結果を提示したうえで，最終的な評価結果として①DCF法　50%，②類似会社比較法25%，③時価純資産法　25%のように加重平均して評価レンジを算出する実務が流行した。①〜③の加重平均割合は特に決まっておらず，50:25:25もあれば40:40:20などいろいろなものがあったが，考えた人はおそらく手続きをしっかり定めたうえで機械的に算定ができる仕組みをつくりたかったのだろうと思う。または，どの手法に重きを置くのかという考え方を定量化しようとしたのだろう。誰が考え，流行らせたのかは今となってはわからないが，1980年代に姿を消した米国のブロック・メソッドを参考にしたのかもしれない。配分比率次第で評価結果は当然変わるが，配分比率の合理性の説明が実務的には難しそうだ。この実務は「折衷法」という名前で今日でもその痕跡はあるものの実務で見かけることはなくなった（と思うがもしどこかで見かけたら教えてください）。

　企業価値，事業価値，株式価値，いずれについてもその評価とはその事業の将来の期待を評価することだ。将来に対する期待はさまざまであるから唯一絶対の手法はない。しかし，何の理論もないわけではなく，実務では上記の三手法にほぼ集約されている。問題はどういう事案にどの評価手法に依拠するかの判断およびこれらの手法の具体的な使用方法だ。誰がやっても同じ結果が出る算定のほうが安心感があるかもしれないが，手法の選択のみならず各手法を使って実際に算定すると算定者によって個々に異なる値が出て完全に一致することはまずない。算定結果だけ見ていてもなかなかわからないが，優れた算定者は，対象事案の実質に鑑みてなぜその手法を使ったのか，その手法を用いるうえでなぜその前提条件を採用したか。そのうえでなぜそのパラメーターを使ったか。細部までよく考えている。そういうValuationは良いValuationだ。Valuationには高い説明性が求められるし，使う側も結果をそのまま見るのではなく，そのロジックをよく理解する必要がある。少なくとも，機械的な手続きで定形化できる性質のものではないと思う。

《参考文献》

- 監査法人トーマツ『M&Aの企業価値評価』中央経済社，2005年10月1日
- 株式会社デューデリジェンス『デューデリジェンスの本質』中央経済社，2010年4月6日
- 日本公認会計士協会東京会『財務デュー・ディリジェンスと企業価値評価』清文社，2015年3月20日
- プライスウォーターハウスクーパース株式会社『M&Aを成功に導く 財務デューデリジェンスの実務（第4版）』中央経済社，2014年8月29日
- マーバルパートナーズ『M&Aを成功に導く ビジネスデューデリジェンスの実務（第3版）』中央経済社，2013年5月18日
- 株式会社KPMG FAS『戦略的デューデリジェンスの実務』中央経済社，2006年5月10日
- マッキンゼー・アンド・カンパニー『企業価値評価（第5版）（上)』ダイヤモンド社，2012年8月31日
- 藤原総一郎（編著）『M&Aの契約実務』中央経済社，2010年8月1日
- 木俣貴光『企業買収の実務プロセス』中央経済社，2010年2月1日
- コモン・ファクトリーLLP編著『中小企業の「M&A活用」マニュアルQ&A』セルバ出版，2008年1月31日
- デロイトトーマツFAS株式会社『新版M&A無形資産評価の実務』清文社，2009年12月10日
- 渡辺章博『新版・M&Aのグローバル実務〈第2版〉』中央経済社，2013年
- 内田光俊，竹田絵美『フェアネス・オピニオンをめぐる諸問題』商事法務No.1901，商事法務研究会，2010年6月15日
- 日本公認会計士協会『企業価値評価ガイドライン』経営研究調査会研究報告第32号，2013年7月3日
- 東京証券取引所『会社情報適時開示ガイドブック』2015年1月版
- 小本恵照・尾関純『なるほど図解 M&Aのしくみ（第4版）』中央経済社，2010年10月20日

- 新日本有限責任監査法人『組織再編会計の実務（第 2 版)』中央経済社，2014年 6 月28日
- 前田絵里・菊池庸介『企業買収後の統合プロセス』中央経済社，2014年12月10日
- 日本公認会計士協会『時価の算定に関する研究資料～非金融商品の時価算定～』会計制度委員会研究資料第 4 号，2013年 7 月 9 日
- 経済産業省「公正なM&Aの在り方に関する指針～企業価値の向上と株主利益の確保に向けて～」2019年 6 月28日
- 経済産業省「事業再編実務指針～事業ポートフォリオと組織の変革に向けて～」2020年 7 月31日
- 稲田行祐・高賢一『表明保証保険の実務』金融財政事情研究会，2020年11月19日

索　引

【執筆者紹介】

安藤　栄一（あんどう　えいいち）

G-FAS株式会社　代表取締役社長　代表パートナー
フーリハン・ローキー株式会社　マネージングディレクター

みずほフィナンシャル・グループ，電源開発（J-Power）等を経て2005年にGCA株式会社入社。日本企業間の買収，統合，組織再編，法的整理等の案件を数多く手掛ける。神戸大学大学院経営学研究科〈現代経営学応用研究（M&A戦略）－客員教授（2014年〜2021年）〉では主にValuationやM&Aのストラクチャーに関する分野の講義を担当。

伊藤　光堅（いとう　みつたか）

G-FAS株式会社　取締役　パートナー
公認会計士

朝日監査法人（現・有限責任あずさ監査法人）を経て，当社グループ入社。監査法人においては，他業種の法定監査業務，株式公開および内部統制構築支援業務に従事。近年はメーカー，サービス業等幅広い業種のデューデリジェンス，企業算定業務等に従事。

香取　武志（かとり　たけし）

G-FAS株式会社　パートナー
公認会計士

監査法人トーマツ（現・有限責任監査法人トーマツ），事業再生ファンドを経て，当社グループ入社。監査法人では他業種にわたる法定監査業務，内部統制構築支援業務を経験。事業再生ファンドに入社後は，投資先の執行役員として投資先に常駐。投資実行後のガバナンス再構築，販売戦略再構築，計数管理強化，コスト構造改革，財務戦略，人事制度改革といった各種再生プロジェクトおよび投資先の売却実行に携わる。当社グループ入社後は，国内外の幅広い業種のデューデリジェンス業務，企業価値評価業務，PPA業務，事業計画作成支援業務，M&Aエグゼキューション業務に携わる。2016年からマレーシアに赴任し，日本企業の東南アジア案件推進を担当。

小川　範幸（おがわ　のりゆき）

G-FAS株式会社　パートナー
公認会計士

あずさ監査法人（現・有限責任あずさ監査法人）を経て，当社グループ入社。監査法人において，多業種の法定監査，株式公開支援業務に従事した他，事業計画作成支援，統合や事業再生のデューデリジェンス業務，会計基準に関する執筆業務等の幅広い業務に従事。当社グループ入社後は，多業種のデューデリジェンス業務，企業価値評価業務，無形資産評価業務，M&Aストラクチャーの助言業務等に従事。2018年からマレーシアに赴任し，日本企業の東南アジア案件推進を担当。

三宅　康一 (みやけ　こういち)

G-FAS株式会社　シニアマネージャー

興亜火災海上株式会社（現・損害保険ジャパン株式会社），株式会社ブレインリンクを経て，当社グループ入社。損害保険ジャパンでは，融資審査および与信管理業務においてさまざまな業種を担当するとともに，官公庁に対するリスクマネジメント業務にも従事。ブレインリンクでは，金融機関の不良債権処理に伴う債券評価に加え，産業再生機構・整理回収機構等と共同での企業再生に関するデューデリジェンスおよび事業再構築計画の策定を数多く実施。当社グループ入社後は，メーカー，建設業，サービス業など幅広い業種のデューデリジェンス業務，企業再生に関する事業再構築計画の策定支援業務を数多く実施している。

溝口　雅彦 (みぞぐち　まさひこ)

G-FAS株式会社　シニアマネージャー
公認会計士

監査法人トーマツ（現・有限責任監査法人トーマツ）を経て，当社グループ入社。監査法人においては，多業種の法定監査業務，株式公開および内部統制構築支援業務に従事。当社入社後はメーカー，サービス業等幅広い業種のデューデリジェンス，企業再生に関する事業再構築計画の策定支援業務に従事。基師亜（上海）投資諮詢有限公司出向後は，日本企業の中国企業との資本提携等に際しての，デューデリジェンス，バリュエーション，契約交渉サポート等の業務および中国側のM&Aニーズの紹介等のマーケティング業務に従事。

太田　康介 (おおた　こうすけ)

G-FAS株式会社　シニアマネージャー
公認会計士

新日本監査法人（現・新日本有限責任監査法人），金融ベンチャー企業を経て，当社グループ入社。監査法人にて，メガバンクの金融商品取引法監査および自己査定業務に従事した後，金融ベンチャー企業において財務責任者として財務戦略，事業計画策定およびモニタリング，計数管理強化，コスト構造改革，IPO支援業務に従事。当社グループ入社後は，国内M&Aに係る幅広い業務のデューデリジェンス業務，ファイナンシャルアドバイザー業務，事業再生支援業務，事業計画策定支援業務に携わる。2019年からマレーシアに赴任し，日本企業の東南アジア案件推進を担当。

坂本　純士 (さかもと　じゅんじ)

G-FAS株式会社　マネージャー
公認会計士

あらた監査法人（現・PwCあらた有限責任監査法人）を経て，当社グループ入社。監査法人においては，証券投資信託の法定監査業務および資産運用会社の法定監査・統制検証業務に従事。当社グループ入社後はデューデリジェンス業務に従事。

小林　正紀（こばやし　まさのり）

GCA税理士法人　代表社員　パートナー

公認会計士，税理士

三菱銀行（現・三菱UFJ銀行），税理士法人プライスウォーターハウスクーパース（現・PwC税理士法人）を経て，株式会社ブレインリンクを創業。主として，事業再生・組織再編コンサルティング業務に従事。産業再生機構案件等，数多くの私的整理案件に関与し，事業再生に係る税務アドバイスを提供。その後，GCAサヴィアン（現・GCA株式会社）の子会社である株式会社デューデリジェンス（現・G-FAS株式会社）と経営統合し，同社の税務デューデリジェンスや組織再編コンサルティング業務の責任者に就任。主としてM&Aおよび各種組織再編に係る税務ストラクチャリングアドバイスにて数多くの実績を有する。本邦初のスピンオフ税制適用事例となったカーブスホールディングスのスピンオフ上場については，初期検討段階より関与し，企業グループ内再編および各種資本取引に係るアドバイスも提供。

和泉　徹（いずみ　とおる）

GCA税理士法人　社員　パートナー

公認会計士，税理士

あずさ監査法人，再生ファンド，事業会社を経て，2015年に当社グループ入社。その後，GCA税理士法人社員に就任。会計監査，M&Aアドバイザリー，再生ファンドでの経営支援，事業会社での財務戦略実務等，幅広い業務を経験。監査法人では，多業種の会計監査，財務デューデリジェンス業務等に従事。当社グループでは，主にメーカー，サービス業等の幅広い業種のデューデリジェンス業務を実施。再生ファンドでは，投資先企業の経営支援目的で常駐し経営改革を実行，EXIT完了まで会社再建を支援。事業会社では，主に財務戦略の立案・実行，投資先モニタリング等を実施。当社グループ入社後は，各種FAS業務（多業種の財務デューデリジェンス業務，企業価値評価業務，無形資産評価（PPA）業務，事業計画作成支援業務，M&Aエグゼキューション業務等），各種税務業務（多業種の税務デューデリジェンス業務，M&A案件に係る税務ストラクチャリングアドバイス，税務顧問業務等）に従事。

古川　貴子（こがわ　たかこ）

GCA税理士法人　マネージャー

税理士

東京共同会計事務所，当社グループを経て，GCA税理士法人に入社。会計事務所では，ストラクチャードファイナンスにおける債権および不動産等の資産証券化に係るSPC設立，期中資金管理および各種会計税務業務を経験。2009年に当社グループ入社後は，多業種の財務・税務デューデリジェンス業務，バリュエーション業務，事業計画策定支援，M&Aエグゼキューション業務等各種FAS業務を幅広く経験。その後，2017年に退社。2020年より再び同グループであるGCA税理士法人に入社。入社後は各種税務業務（多業種の税務デューデリジェンス業務，M&A案件に係る税務ストラクチャリングアドバイス，税務顧問業務等）に従事。

【編者紹介】

G-FAS株式会社

私どもG-FAS株式会社は，M&Aにおけるデューデリジェンスをコアとした独立系のM&Aアドバイザリーサービスを提供するプロフェッショナル・ファームです。業務内容は，中小規模の包括的なM&Aアドバイザリー業務，財務・税務を中心としたデューデリジェンス業務に加え，クライアントのニーズに合わせて，企業価値評価，PPAにおける無形資産評価，会計・税務に関するストラクチャリング・アドバイス，上場支援サービスといった幅広いサービスを提供いたします。

私どもは，"For Client's Best Interest（クライアントの最善の利益のために）"という考えのもと，私どものサービスラインを通じてクライアントに価値を創造することを使命としています。

クライアントに対して価値を創出できなければ，プロフェッショナルを名乗る資格はありません。今後もメンバー一人ひとりが，高い志を持ち，クライアントが期待する以上のサービス提供を通じて，日本のM&A市場の発展ならびにクライアントの企業価値向上に貢献してまいります。

〒100-6230
東京都千代田区丸の内1-11-1
パシフィックセンチュリープレイス丸の内30階
電話番号：03-6212-1850
URL：https://www.gcafas.com/

Q&Aでわかる
M&A実務のすべて〔第2版〕

2016年1月25日	第1版第1刷発行	
2018年12月10日	第1版第6刷発行	
2022年6月20日	第2版第1刷発行	

編　者　G-FAS株式会社
発行者　山　　本　　　　継
発行所　㈱中央経済社
発売元　㈱中央経済グループ
　　　　パブリッシング

〒101-0051　東京都千代田区神田神保町1-31-2
電話　03 (3293) 3371(編集代表)
　　　03 (3293) 3381(営業代表)
https://www.chuokeizai.co.jp
印刷／三英印刷㈱
製本／㈲井上製本所

© 2022
Printed in Japan

＊頁の「欠落」や「順序違い」などがありましたらお取り替えいたしますので発売元までご送付ください。（送料小社負担）

ISBN978-4-502-42941-5　C3034